기도의 비유
LE PARABOLE DELLA PREGHIERA

APPUNTI SULLA PREGHIERA Volume 5
LE PARABOLE DELLA PREGHIERA
by ANTONIO PITTA
© 2024 Dicastero per l'Evangelizzazione — Sezione per le questioni fondamentali
dell'evangelizzazione nel mondo — Libreria Editrice Vaticana
Cover design © Zanini ADV

All rights reserved.

Korean Translation Copyright © 2024 Living with Scripture Publishers, Seoul, Korea.

이 책의 한국어판 저작권은 저작권자와 직접 계약을 맺은 '성서와함께'에 있습니다.
저작권법의 보호를 받는 저작물이므로 무단 전재와 복제를 금합니다.

기도의 비유

서울대교구 인가: 2024년 5월 20일
초판 1쇄 펴낸날: 2024년 10월 8일
2쇄 펴낸날: 2024년 12월 15일

지은이: 안토니오 피타
옮긴이: 최지영
펴낸이: 나현오
펴낸곳: 성서와함께

주소: 06910 서울특별시 동작구 흑석로13길 7
전화: (02) 822-0125~7 / 팩스: (02) 822-0128
인터넷서점: http://www.withbible.com
전자우편: order@withbible.com
등록번호 14-44(1987년 11월 25일)

ⓒ 성서와함께 2024
성경·교회 문헌 ⓒ 한국천주교중앙협의회, 2024.

ISBN 978-89-7635-438-9 93230

DICASTERO PER L'EVANGELIZZAZIONE
SEZIONE PER LE QUESTIONI FONDAMENTALI
DELL'EVANGELIZZAZIONE NEL MONDO

기도의 비유

안토니오 피타 지음
최지영 옮김

†

차례

06	머리말
12	여는 말

17	제1장 예수님과 기도
41	제2장 주님의 기도: 제자들의 기도 루카 11,1-4
53	제3장 한밤중에 찾아온 친구와 일용할 양식 루카 11,5-13
65	제4장 자비로운 아버지와 죄의 용서 루카 15,11-32
81	제5장 과부와 재판관 그리고 믿음 루카 18,1-8
97	제6장 바리사이와 세리 그리고 성전의 거룩함 루카 18,9-14
111	제7장 무화과나무의 비유와 하느님 나라의 도래 루카 21,29-36

124	맺음말
129	옮긴이의 말

머리말

기도는 신앙의 숨결이며 그 자체로 가장 구체적인 신앙의 표현입니다. 기도는 하느님을 믿고 자신을 맡기는 이들의 마음에서 나오는 침묵 속의 외침과도 같습니다. 이 신비를 표현할 적절한 말을 찾기란 쉬운 일이 아닙니다. 우리는 성인들과 영성가들, 그리고 신학자들의 성찰에서 기도에 관한 수많은 정의를 찾을 수 있습니다. 하지만 기도는 항상 기도를 실천하고 체험하는 이들의 단순한 증언으로만 설명할 수 있습니다. 더구나 주님은 우리에게 기도할 때 빈말을 되풀이하지 말라고 경고하시며, 말을 많이 해야 들어 주시는 줄로 생각하는 것은 착각이라고 가르쳐 주셨습니다. 주님은 오히려 침묵 속에서 우리가 청하기도 전에 이미 무엇이 필요한지를 아시는 하느님 아버지께 자신을 내어 맡기라고 가르쳐 주셨습니다(마태 6,7-8 참조).

2025년, 희년이 이제 가까이 다가왔습니다. 교회의 삶에 있어서 이토록 중요한 희년을 준비하는 가장 좋은 방법은 기도가 아닐까요? 2023년은 제2차 바티칸 공의회의 4개 헌장에 담긴 공의회의 가르침을 재발견하는 해로 보내고자 했습니다. 이는 공의회의 교부들이 우리에게 전하려 했던 가르침을 오늘날에도 생생하게 살아 숨 쉬게 하기 위함이었습니다. 이를 통해 교회가 활력을 되찾고 우리 시대의 모든 이에게 적절한 언어로 신앙의 아름다움을 선포하려는 것입니다.

이제는 기도에 온전히 봉헌된 2024년을 준비해야 할 때입니다. 실제로 우리 시대에는 전 세계적인 불안에서 비롯된, 매일매일의 절실한 문제와 질문에 대답할 수 있는 진정한 영성의 필요성이 점점 커지고 있습니다. 최근 팬데믹으로 인해 악화된 생태적·경제적·사회적 위기와 특히 우크라이나에서 벌어지고 있는 전쟁으로 인한 죽음과 파괴와 빈곤 그리고 무관심과 버리는 문화는 평화와 연대에 대한 열망을 짓누를 뿐만 아니라, 개인의 삶과 사회생

활 전반에서 하느님을 소외시키고 있습니다. 이러한 현상들은 많은 사람이 기쁨과 평온함을 느끼며 살지 못하도록 어두운 분위기를 자아냅니다. 그러므로 아버지께 드리는 우리의 기도가 더 큰 열망으로 솟아오르도록 해야 합니다. 그래야만 아버지께서 당신을 신뢰하며 찾는 이들이 바치는 기도의 외침을 들으실 것입니다.

 올해가 기도에 봉헌된 해라고 해서 개별 교회가 매일매일 애써야 할 사목적 노력과 여러 계획에 영향을 미치는 것은 아닙니다. 오히려 기도의 해는 다양한 사목 계획을 세우고 행하며, 일관성을 유지하게 하는 원천을 상기시켜 줍니다. 기도의 해는 개인적으로든 공동체적으로든 다양한 형태와 표현을 통해 기도하는 기쁨을 다시 찾을 수 있는 시기입니다. 우리 신앙의 확신과 성모 마리아와 성인들의 전구에 대한 신뢰를 키우는 의미 있는 때이기도 합니다. 달리 말하면 거의 "기도의 학교"를 경험할 수 있는 해인 것입니다. 우리는 특히 기도하는 방식에 관해서는 그 무엇도 확실하거나 당연한 것으로 여기지 말고 "주님, 저희에게 기도하는 것을 가르쳐 주십시오"(루카 11,1)라고 간청한 제자들의 말을 자주 마음에 품어야 합니다.

기도의 해에 우리는 더욱 겸손한 자세로 성령께 이끌려 기도의 못자리를 마련하도록 초대받습니다. 성령께서는 우리 마음과 입술에 올바른 말을 담아 주시어, 우리의 기도를 아버지께서 들으시도록 이끄십니다. 성령 안에서 드리는 기도는 예수님과 우리를 일치시키며 아버지의 뜻을 더욱 잘 따르도록 합니다. 성령께서는 우리가 가야 할 길을 가리키는 내면의 스승이기 때문에 개인의 기도가 보편 교회의 기도가 될 수 있고, 보편 교회의 기도가 개인의 기도 안에 담길 수 있습니다. 성령의 이끄심에 따른 기도만큼 신앙인들을 하느님의 한 가족으로 모이게 만드는 것은 없습니다. 하느님은 각자의 필요를 아시고 그 모두를 우리의 청원과 전구의 기도가 되게 하십니다.

저는 주교, 사제, 부제, 교리교사들이 올 한 해 동안 이 절망의 시대에 울려 퍼지게 하려는 '2025년 희년' 희망의 선포를 위한 가장 적합한 길을 찾으리라 확신합니다. 그러므로 특히 관상 생활을 하는 공동체들을 비롯하여 봉헌 생활을 하는 수도자들의 기여가 매우 소중합니다. 아울러, 전 세계의 모든 성지와 피정지에서 순례자들을 배려함으로써, 그들이 평온한 마음을 지닐 수 있는 내적 정원을 발견하고 주님의 위로로 충만해져 떠날 수 있도록 돕기를 희망합니다. 우리 주 예수 그리스도의 뜻대로(루카 18,1) 낙심하지 않고 개인과 공동체의 기도가 끊임없이 바쳐질 때 하느님의 나라가 자라나고, 주님의 사랑과 용서를 간구하는 모든 이에게 복음이 선포될 것입니다.

이 기도의 해를 더욱 풍성하게 하기 위해 도움이 될 만한 소책자 몇 권이 여러 나라 언어로 마련되었습니다. 이 책들은 기도의 다양한 측면을 이해하고 실천하는 데 도움이 될 것입니다. 저는 저자들의 노고에 감사를 드리며 이제 기쁜 마음으로 독자들의 손에 이 책을 건넵니다. 이를 통해 우리 각자가 겸손하게 기쁜 마음으로 주님께 자기 자신을 맡기는 아름다움을 다시 발견하기를 바랍니다.
저를 위해서도 기도해 주시기를 부탁드립니다.

프란치스코 교황
Franciscus

여는 말

자비의 특별 희년에 출간했던 《자비의 비유 Le parabole della misericordia》(2015) 이후, 기도의 해를 맞아 프란치스코 교황님의 요청으로 다시 한번 기도에 관한 이야기를 이어 가고자 합니다. 예수님의 비유를 통한 기도의 가르침에 대한 통찰은 루카 복음사가에게서 두드러지게 나타납니다. 그 비유들의 원출처와 최종 편집본을 엄밀히 구분할 필요가 있지만, 루카는 분명 이 두 가지 측면에서 그 누구보다도 비유를 깊이 있게 다룬 위대한 스승이라 할 수 있습니다. 전자가 역사적 예수의 실제 설교라면, 후자는 초기 그리스도교 공동체의 개입 및 개별 복음사가의 최종 편집 과정을 거친 결과물입니다. 그러나 요아킴 예레미아스가 잘 지적하였듯, 그 어떤 경우라도 예수님의 비유는 근본적으로 확고한 역사적 토대 위에 서 있습니다.

예수님의 설교 활동 중 몇몇 제자가 예수님께 기도하는 법을 가르쳐 달라고 청한 장면은 그분에게 특별한 기도 방법이 있었다는 것을 알려 줍니다. 예수님 이전에 세례자 요한이나 바리사이들 역시 자기 제자들에게 기도하는 방법을 가르쳤습니다. 그러나 세례자 요한은 유다 광야에서 금욕하며 기도하는 방식을 택했고, 바리사이들은 기도를 가르칠 때 비유를 사용하지 않았습니다. 예수님의 독창성은 비유를 사용하여 기도를 가르치셨다는 점입니다. 그분은 새로운 기도 방법을 발명하지 않으셨습니다. 다른 스승들과 비교해 보면, 예수님께서는 세속을 떠난 은수자나 고행자, 혹은 요가 스승이 아니었습니다. 오히려 그분은 제자들에게 기도하는 법을 가르치기 위하여 백성들의 '일상'을 선택하셨습니다.

이번 여정에서 우리는 무엇보다 예수님의 기도, 특히 주님의 기도에 주목할 것입니다. 그런 다음 기도를 명시적으로 다루는 여러 비유, 즉 '한밤중에 찾아온 친구', '과부와 불의한 재판관', '성전에서 기도하는 바리사이와 세리', 그리고 '무화과나무와 하느님 나라'의 비유를 좀 더 자세히 다룰 것입니다. 여기에 덧붙여 흔히 '탕자의 비유'로 잘못 알려진 '자비로운 아버지의 비유'를 살펴볼 것입니다. 이 비유는 얼핏 기도와는 무관하게 보일 수도 있습니다. 사실 이 비유의 일차적 맥락은 예수님께서 세리나 죄인과 어울리는 당신의 행동을 못마땅해하며 이의을 제기하는 사람들을 가르치기 위한 것이었습니다(루카 15,1-2). 그러나 이 세상 어떤 아버지에게서도 볼 수 없는 당혹스러울 만큼 놀라운 아버지의 인품과 자비는 하늘의 아버지와 인간의 관계에 관한 기존의 통념을 넘어섭니다.

마르코복음서와 마태오복음서에도 나오는 무화과나무의 비유를 제외하면, 기도에 관한 다른 비유들은 루카복음서에만 등장합니다. 이 점에서 루카복음은 기도의 복음이며, 기도의 비유를 가장 잘 보여 주는 복음서라고 할 수 있습니다. 저는 개인적으로 주님의 기도와 기도에 관한 비유의 연관성이야말로 루카복음에서 발견되는 독창적 요소라고 생각합니다. 예수님께서는 비유로 주님의 기도를 설명하셨고, 이어지는 비유를 통해 계속해서 이 기도를 언급하십니다. 여기서 우리가 눈여겨볼 중요한 요소는 주님의 기도와 기도의 비유가 연이어 나온다는 점입니다. 달리 표현하면, 주님의 기도를 암송하고 그 의미를 해석하는 가장 적절한 방법은 비유에서 찾을 수 있다는 의미입니다.

기도에 관한 비유의 시작과 끝부분의 구성은 우연이 아닌 저자의 의도, 즉 루카의 서술 전략에 따른 것입니다. 주님의 기도 바로 뒤에 나오는 첫 번째 비유는 한밤중에 찾아온 친구에 관한 이야기(11,5-13)이며, 마지막 비유는 무화과나무와 깨어 기도함으로써 알아볼 수 있는 하느님 나라의 도래에 관한 이야기(21,29-36)입니다. 첫 번째 비유가 '성령의 은사'(11,13)로 끝난다면, 마지막 비유는 '하느님 나라를 향한 깨어 있는 기도'(21,31)로 마무리됩니다. 여기서 우리는 '성령'과 '깨어 있음' 사이의 당연하고도 필연적인 공존을 발견합니다. 성령께서는 인간의 영혼 안에서 힘껏 외치심으로써 기도를 가르치십니다. 깨어 있는 기도는 그리스도인의 마음속에 현존하시는 그리스도의 영으로부터 나옵니다. 독자 여러분이 기도의 비유를 통하여 교회 안에 살아 계신 성령의 현존과 시대의 징표를 알아볼 수 있도록, 우리에게 기도를 가르치시는 스승 예수님의 이끄심 속에서 살아가기를 진심으로 바랍니다.

안토니오 피타

제1장

예수님과 기도

나자렛 사람 예수는 기도하는 사람이었습니다. 이 점은 그분의 지상 생애에서 결코 부인할 수 없는 역사적 사실입니다. 몇 년간의 공생활에서 그분은 자주 기도에 몰두하셨는데, 어느 날은 제자들이 그분께 다가와 기도하는 법을 가르쳐 달라고 간청할 정도였습니다(루카 11,1). "아빠! 아버지!"(마르 14,36). 이것은 그분의 가장 짧고 밀도 높은 기도였습니다. 주님의 기도 역시 "아버지, 아버지의 이름을 거룩히 드러내시며"(루카 11,2)라는 친숙한 말로 시작됩니다. 예수님께서 기도하시는 모습은 모든 복음서에 묘사되어 있지만, 특히 루카복음서는 다른 복음서보다 자주, 더 결정적인 순간에 그분이 기도에 몰두하는 모습을 보여 줍니다. 루카에 따르면, 예수님께서는 요르단강에서 세례를 받고 기도하셨고(3,21), 제자를 선택하기 전에 밤을 새워 기도하셨습니다(6,12). 거룩한 변모 역시 산에서 기도하시던 중에 일어난 사건입니다(9,28-29). 당신 앞에 성큼 다가온 죽음을 직감하자 예수님의 기도는 더욱 열렬해졌습니다. 그것은 결코 평화롭지만은 않은 투쟁이었고, 깊은 고뇌이자 몸부림이었습니다(22,44).

✱ "저희에게 기도하는 것을 가르쳐 주십시오"

예수님께서 기도를 강조하셨다는 사실을 언뜻 생각하면 이해하기 쉽지 않습니다. 하느님의 아들이 어째서 그토록 열렬히 기도해야 했을까요? 그분이 하느님의 아들이라면 과연 하늘에 계신 아버지의 뜻을 몰랐을까요? 사실, 예수님의 기도는 그것을 일종의 고독한 독백으로 여기는 회의주의나, 그와는 반대로 그분을 애당초부터 초인적인 존재로 간주하는 사람들의 자발주의spontaneism[1]로는 충분히 설명되지 않습니다. 특히 겟세마니에서 하신 그분의 기도는 땀이 핏방울처럼 흘러내리는 투쟁 속에서 바친 기도였습니다(22,44).

---

1 역자주: 세상에 대한 하느님의 개입이 사전의 계획이나 섭리를 따르지 않고, 특정 인간의 행위나 기도와 같은 상황에 따른 직접적이고 즉각적인 반응으로서 일어난다는 관점으로, 자칫 영원으로부터 계획된 하느님의 섭리 개념을 약화할 수 있다.

히브리서 저자는 이 장면을 생생하게 묘사합니다. "그분께서는 인성 안에 계실 때, 당신을 죽음에서 구하실 수 있는 분께 큰 소리로 부르짖고 눈물을 흘리며 기도와 탄원을 올리셨고, 하느님께서는 당신의 자비로써 그 기도를 들어 주셨습니다"(히브 5,7 역자 직역). 이 구절의 그리스어 원문은 오늘날의 여러 번역본처럼 예수님의 지상 생활을 언급하지 않고, 오히려 그분의 인성을 표현하는 그분의 '육(肉; *sarx*)'을 언급합니다. 그런 다음 저자는 예수님께서 "아드님이시지만 고난을 겪으심으로써 순종을 배우셨습니다"(히브 5,8)라고 말합니다. 예수님의 기도는 하느님의 아드님으로서 모든 것을 알고 있는 이가 바치는 의심할 바 없는 명료한 기도가 아니었습니다. 그분은 자신이 겪은 고난을 통하여 순종을 배우셨습니다. 곧, '고난*pathein*'에서 '배움*mathein*'을 얻으셨습니다. 수 세기에 걸쳐 예수님의 인성과 그분의 기도를 둘러싸고 회의주의와 자연주의 사이에 실로 수많은 논쟁의 재가 쌓였습니다. 이 양극단의 틈에서 참인간이신 예수님의 숭고함이 뚜렷히 드러납니다.

그러면 그분의 신성이란 무엇일까요? 예수님이 고통 속에서 기도를 통해 순종을 배우셔야 했다면, 우리가 그분을 하느님의 아들이라고 믿는 이유가 무엇일까요?

히브리서는 오늘날까지도 여전히 논쟁의 대상이 되는 예수님의 신성과 인성 사이의 관계에 대한 독창적인 통찰을 우리에게 보여 줍니다. "완전하게 되신 뒤에는 당신께 순종하는 모든 이에게 영원한 구원의 근원이 되셨습니다"(히브 5,9). 우리는 예수님께서 신성과 인성의 교환으로 인해 완전하시다고 생각해 온 반면, 히브리서 저자는 예수님의 완전성이 인성의 정점에서 드러난다고 말합니다. 이를 좀 더 자세히 보면, 이 서간의 저자는 예수 그리스도의 사제직에 관한 논증의 첫머리부터 '하느님께서는 이 마지막 때에 하느님 영광의 광채이며 하느님 본질의 모상'인 '아드님을 통하여 우리에게 말씀하셨다'(히브 1,2-3)라고 고백합니다. 예수님이 하느님의 아들이라는 사실은 초기 그리스도교 공동체에서부터 확고하게 자리 잡은 공통된 신앙에 속하지만, 그분의 인성에 관해서는 여전히 해명의 여지가 남아 있습니다. 하지만 히브리서가 말하고자 하는 요지는 예수님의 두 본성(신성과 인성) 사이의 본래의 완전성이 아닙니다. 오히려 저자는 가장 고통스러운 순간에 바친 기도를 통해 자신을 완전히 봉헌하신 그분의 희생에 관하여 말합니다.

이 지점에서 희생을 바라보는 우리의 인식을 바꿀 필요가 있습니다. 통상적으로 우리는 '희생'을 무언가 소중한 것을 박탈당하거나 포기한다는 뜻으로 이해합니다. 사실 '희생'은 라틴어 어원 sacrum-fácere(성스럽게 하다)에서도 잘 드러나듯 '속된 것을 거룩한 것으로 바꾸는 행위'를 의미합니다. 바로 이 점에서 예수님의 기도는 일상적이고 속된 것을 신성하고 거룩한 것으로 변화시키는 희생이었습니다. 기도에 대한 우리의 가장 큰 착각 중 하나는 저절로 우러나오는 기도야말로 가장 이상적이고 자연스러운 기도라는 생각입니다. 실제로 많은 이가 사전의 준비나 정해진 형식 없이 그때그때 자연스럽게 떠오르는 기도가 가장 진정성 있고 참된 기도라고 믿습니다. 살면서 기도를 한 번도 해 보지 않은 사람이 있을까요? 기도가 인간의 자연스러운 마음의 움직임에서 비롯되는 것이 사실이지만, 여기에는 의지의 차원, 즉 속된 것을 거룩한 것으로 다듬는 과정을 통해 자양분을 공급받으려는 노력이 반드시 뒤따라야 합니다. 예수님께서는 기도를 통해 일상의 삶을 완전한 제사로 바꾸어 놓으셨습니다. 그리하여 마침내 단 한 번 십자가에 못 박혀 돌아가심으로써, 그분의 십자가와 연결된 모든 이를 구원하시어 그 외에 어떤 희생 제사도 반복할 필요가 없도록 만드셨습니다.

✷ 기도의 장소

예수님 시대의 팔레스티나에서 기도할 수 있는 주요 장소는 성전과 회당이었습니다. 그중 예루살렘 성전은 유다 백성의 경건한 삶에서 중심축으로 간주되었습니다. 그래서 매년 파스카 축제와 같은 주요 절기에는 수많은 사람이 예루살렘 성전에 모여들었습니다. 루카 복음사가는 어린 예수님이 정결례(루카 2,22-24)를 위해, 12살 때는 유년기에서 소년기로 넘어가는 바르 미츠바*bar mizwah* 예식(2,42)을 위해 성전을 방문한 장면을 기록했습니다. 예수님께서 성전에서 기도하는 바리사이와 세리(18,9-14)를 비유로 드신 것은 성전이라는 공간에 익숙한 그분에게는 지극히 자연스러운 일입니다. 그런가 하면 예수님께서는 성전에서 환전상들을 쫓아내실 때 성전을 "기도의 집"(19,46; 이사 56,7)이라고 말씀하시며 이사야 예언자를 떠올리십니다.

한편, 예루살렘 성전 외에도 팔레스티나 마을에 흩어져 있는 회당에서도 기도는 계속되었습니다. 루카가 예수님의 공생활의 시작을 서술하기 위해 나자렛 회당을 선택한 것도 결코 우연이 아닙니다(루카 4,16-30). 당시에 회당은 기도하고 성경을 공부하는 중요한 곳으로 제2성전이 파괴된 후(기원후 70년) 유다인들이 모여 기도할 수 있는 사실상 유일한 장소였기 때문입니다.

여기서 주목할 점은 루카가 유다인들의 성전과 회당의

기능을 폄하하지 않으면서도 예수님께서 그런 장소뿐만 아니라 광야(4,1)와 외딴곳(5,16; 참조 9,18)같이 거의 모든 곳에서 기도하셨다고 기록했다는 사실입니다. 제자 선발(6,12)과 거룩한 변모 사건(9,28)에서도 알 수 있듯이 그분께서는 기도처로 특히 산을 선호하셨습니다. 그 가운데서도 그분이 각별히 사랑하신 곳은 예루살렘 성벽 가까이 자리한 올리브산(22,39)이었습니다. 이곳은 키드론 골짜기 너머에 있었는데 예수님께서는 그 산에서 핏방울 같은 땀을 흘리며 기도하셨고(22,44) 바로 그곳에서 하늘로 들려 올라가셨습니다(24,50-53; 사도 1,12). 이렇듯 예수님께서 기도하는 장소로 산을 선호하신 까닭은 기도가 지닌 중요한 특징인 고양 혹은 '위에 있는 것'을 추구하는 상향성을 반영합니다. 기도가 진정성을 띨 때 그것은 (단순히 무게의 가벼움을 넘어서) 더 높은 차원으로 올라가는 일종의 '고양된' 상태를 만들어 냅니다. 이는 황홀경이나 휴거 같은 예외 상황뿐만 아니라 우리가 바치는 모든 기도에서도 경험할 수 있습니다. 이 점에서 하늘은 기도하기 위해 산에 오르는 사람들과 하느님 사이의 만남의 자리를 상기시킵니다.

예수님께서 성전에서 회당으로, 사막에서 산으로 당신의 기도 장소를 확장하신 이유는 모든 피조물이 지닌 신성함 때문입니다. 예수님께서는 결코 성전과 회당을 불신하지 않으셨으며, 그 어떤 곳이라도 아버지와 관계를 맺을 수 있는 신성한 기도 공간이 될 수 있음을 몸소 보여주셨습니다. 우물가에서 예수님과 사마리아 여인이 나누는 대화는 그분께서 가르치신 기도의 가장 중요한 특징을 잘 보여 줍니다. "여인아, 내 말을 믿어라. 너희가 이 산도 아니고 예루살렘도 아닌 곳에서 아버지께 예배를 드릴 때가 온다. 하느님은 영이시다. 그러므로 그분께 예배를 드리는 이는 영과 진리 안에서 예배를 드려야 한다"(요한 4,21.24).

회당, 성전, 성소, 모스크, 교회 등 기도하기에 가장 좋은 장소를 놓고 종교 간 갈등이 생길 때마다 예수님께서는 하느님을 진정으로 경배하는 곳은 그리짐산이나 시온

산이 아니라 '영과 진리 안'이라고 우리에게 가르치셨음을 기억해야 합니다. 그렇다면 영과 진리 안에서 하느님께 예배를 드린다는 것은 무엇일까요? 그것은 우리를 가장 깊은 진리로 인도하시는 분, 바로 성령의 인도에 따라 예배하는 것입니다. 그리고 여기서 말하는 진리란 어떤 사상이나 관념이 아닌 바로 예수님 자신입니다. 예수님의 인격 자체가 아버지께 바치는 진실한 예배의 기초가 되는 진리입니다.

✱ 기도의 유형

기도의 유형은 다양합니다. 상황에 따라 여러 가지 표현을 취할 수 있습니다. 이 점은 예수님의 기도에도 동일하게 적용할 수 있습니다. 예수님께서는 감사, 축복, 찬양, 요청, 간구 등 다양한 형태의 기도를 제자들에게 보여 주셨습니다. 그분께서는 최후의 만찬 때, 제자들에게 잔과 빵을 나눠 주시기 전에 하느님 아버지께 두 번의 감사기도를 바치셨습니다(루카 22,17.19). 이때 사용된 그리스어 동사 에우카리스테오*eucharisteō*는 오늘날 성찬례의 기원이 되는 단어이기도 합니다. 예수님과 제자들은 식사를 나누기 전에 주 하느님의 섭리에 대한 감사의 기도를 바쳤습니다.

하느님께 올리는 찬미의 기도도 이와 유사합니다. 루카는 군중이 빵과 물고기를 배불리 먹기 전(9,16) 그리고 엠마오에서 제자들이 예수님과 만났을 때(24,30) 그분께서 찬미의 기도를 올리시는 모습을 묘사합니다. 엠마오로 가던 제자들이 예수님께서 빵을 떼자마자 곧바로 그분을 알아볼 정도로(24,35) 빵에 대한 축복기도는 그분께는 매우 익숙한 일이었습니다. 감사와 축복은 기도의 본질적 특성, 즉 자아로부터의 이탈과 주님께 대한 전적인 의탁을 표현합니다. 이러한 까닭에 대개 청원이나 간구와 같은 형태의 기도에는 감사와 찬미의 기도가 선행됩니다. 이 점에서 '주님의 기도'는 가장 모범이 되는 기도라고 할 수 있습니다. 주님의 기도 첫 부분에서는 아버지이신 하느님의 이름이 거룩하게 빛나시며, 하느님의 나라가 이루어지고, 하느님의 뜻을 이루시기를 기원합니다. 이 찬미의 기도에 이어 일용할 양식, 빚 혹은 죄의 사함, 그리고 시험에 들지 않게 해 달라는 청원이 이어집니다.

　시편으로 드리는 기도는 팔레스티나 문화권에서 널리 알려진 기도 형태입니다. 마르코는 예수님과 제자들이 시편 135편을 부르며 최후의 만찬을 마무리했다고 전합니다(마르 14,26). 유다인들은 전통적으로 이 노래를 특별히 파스카 만찬이 끝날 때에 바쳤습니다. 이는 이스라엘의 구원사에서 주 하느님께서 행하신 업적을 기억하기 위함입니다. 그뿐 아니라 십자가 위에 달린 예수님의 마지막 말씀인 "나의 하느님, 나의 하느님 어찌하여 나를 버리셨나이까?"(마르 15,34; 마태 27,46)는 시편 22,2의 서두입니다. 이처럼 예수님께서는 고통의 절정인 십자가 위에서 시편을 당신의 마지막 말씀으로 삼을 정도로 시편으로 기도하는 데 익숙하셨습니다.

　다음으로 청원기도에 관하여 살펴봅시다. 개인과 공동체가 다 함께 하나의 청원기도를 바치는 경우가 종종 있습니다. 그런 예로 단연 눈에 띄는 것은 추수할 일꾼을 보내 달라고 청하는 예수님의 기도입니다. 예수님께서는 추수할 것이 많지만 일꾼이 부족하니, 추수할 일꾼을 보내주시도록 하느님 아버지께 청하라고 제자들에게 요청하십니다(마태 9,38). 청원기도는 근본적으로 기도를 하는 사람이나 기도의 대상이 되는 이가 궁핍하거나 부족한 상황에 처했음을 나타냅니다. 예수님께서 제자들과 함께 계시는 동안 그분의 제자들은 단식할 필요가 없지만, 그들이 신랑을 빼앗기면 그들 역시 요한의 제자들처럼 단식할 것이라는 말씀(루카 5,33.35)은 수난 후에 제자들이 처할 결핍의 상태를 암시합니다. 그러기에 예수님께서는 수난 중에도 당신의 제자 베드로가 믿음을 잃지 않기를 바라시며, 훗날 그가 돌아와 그의 형제들에게 힘을 북돋아 줄 수 있도록 끝까지 그를 위해 기도하셨습니다(22,32).

깨어 있음이 기도로 바뀌면, 우리에게는 언제든지 주님과 만날 수 있는 통로가 열립니다. 이때에는 어떤 예기치 못한 상황에도 이를 이겨 낼 힘이 생깁니다(21,36). 핵심은 단순히 밤에 잠을 자느냐 마느냐의 문제가 아닙니다. 무엇보다 중요한 것은 깨어 있고자 하는 의지입니다. 우리는 깨어 기도하는 상황과 정반대 상황을 올리브동산에서 지쳐 자고 있는 제자들의 모습에서 발견합니다(마르 14,34-38). 예수님의 기도는 그분의 인성에 깊이 스며들어 생의 마지막에 이르러서는 절박한 외침으로 터져 나옵니다. '오후 세 시에 예수님께서 큰 소리로 부르짖으셨다'(15,34). 이 외침은 하느님께서 당신을 십자가에 버리신 궁극적인 목적에 대한 질문으로 가득 찬 가장 고통스러운 탄원이었습니다. 예수님의 지상 생애의 마지막 순간은 그분께서 하느님의 아들이라면 예상하기 어려운 결말이었습니다. 오히려 그분의 마지막 숨결에는 극심한 고뇌와 고통 속에서도 끝끝내 아버지를 향해 부르짖는 이의 믿음과 간절함이 배어 있습니다.

예수님의 생애에 대해 가장 널리 알려진 역사적 사실 중 하나는 그분이 실제로 기적을 행했다는 점입니다. 물론 고대 세계에서 예수님만이 기적을 행했다고 알려진 것은 아닙니다. 실제로 알렉산드로스 대왕이나 티아나의 아폴로니우스 같은 인물도 당대에는 기적을 일으킨다고 여겨졌습니다. 그러나 다른 치유자들이 어떤 특별한 능력으로 기적과 퇴마를 행한 반면에 예수님의 치유 행위는 기도, 특히 아버지와의 관계에서 비롯되었다는 점에서 근본적으로 다릅니다. 제자들이 더러운 영이 들린 아이를 고치지 못해 어쩔 수 없이 아이의 아버지가 직접 예수님께 아이를 데려와 치유한 일이 대표적인 예입니다. 예수님께서 그 아이를 치유하시자 제자들은 그분께 자신들은 어째서 그 더러운 영을 쫓아내지 못했는지 여쭈어 봅니다. 예수님께서는 이렇게 말씀하십니다. "그러한 것은 기도가 아니면 다른 어떤 방법으로도 나가게 할 수 없다"(마르 9,29). 이처럼 기도에는 악마, 즉 악하고 더러운 영을 쫓아내는 힘이 있어 기도를 통해 악은 그 힘을 잃게 됩니다.

앞서 살펴본 바와 같이 기도는 예수님의 심원한 인간성을 보여 줍니다. 그리고 이러한 기도가 한 가지 유형만 있는 것은 아닙니다. 예수님의 기도에서 볼 수 있듯, 기도는 힘들 때나 불안할 때, 흥분되거나 고요하거나 평화롭거나, 숨이 탁 트일 때나 질식할 듯한 순간 등 모든 상황 안에 숨결처럼 흐르고 있습니다. 한마디로 예수님의 기도는 일상의 기도, 즉 주님의 기도에 등장하는 '일용할 양식'과 같습니다.

✽ 기도의 내용

복음사가들은 예수님의 기도에 관하여 저마다의 관점에서 다양한 내용을 전합니다. 그러나 주님의 기도가 복음서에 나오는 가장 널리 알려진 예수님의 기도라는 데에는 어느 누구도 이견이 없을 것입니다. 그렇다고 해서 '주님의 기도'만이 주님께서 친히 가르쳐 주신 유일한 기도라는 말은 아닙니다. 특히 그분이 바치신 '어린아이들의 기도'는 초기 교회의 전통에 깊이 새겨진 기도로, 복음사가들이 기록한 '예수님께서 친히 하신 말씀' 중 하나입니다. "아버지, 하늘과 땅의 주님, 지혜롭다는 자들과 슬기롭다는 자들에게는 이것을 감추시고 철부지들에게는 드러내 보이시니, 아버지께 감사드립니다"(마태 11,25; 루카 10,21).

기도가 성숙해질수록 우리는 스스로의 연약함을 잘 알게 되고 자신의 보잘것없음을 더 깊이 깨닫게 됩니다. 물론, 여기서 말하는 '철부지'는 유아기적 사고에 사로잡혀 마치 어린아이와 같은 미성숙한 상태에 머문 사람을 가리키는 것이 아닙니다. 오히려 주님과의 관계 안에서 스스로를 낮추고 작아진 사람들을 말합니다. 이들은 세상에서는 사회적·정치적 영향력이 없는 사람들이지만, 예수님의 계시를 통해 하느님의 뜻을 깨달은 이들입니다. 주님의 뜻을 이해하기 위해서는 이처럼 자기 자신에게서 떠나 더욱더 작아져야만 합니다. 그렇지 않으면 하느님은 우쭐거리며 자신의 지성을 자랑하는 사람에게 당신을 감추실 것입니다. 하지만 이 경우에도 예수님의 이 말씀이 지혜나 지성을 완전히 부정하거나 배제하는 것은 아님을 잊지 말아야 합니다. 이 말씀의 요점은 기도가 자기 실현에 쓸모가 없다거나 기도 없이도 자신의 지혜로 무엇이나 할 수 있다고 생각하는 태도를 삼가라는 것입니다. 진실한 기도는 자신을 높이기보다는 오히려 낮추도록 이끌며, 자신의 의지가 아닌 은총을 통해 계시된 하느님의 뜻을 이루기 위해 자신을 내어놓는 희생의 제사가 됩니다.

잘 알려진 예수님의 기도 중 단연 눈에 띄는 것은 마르코가 전하는 "아빠"라는 기도입니다. "아빠! 아버지! 아버지께서는 무엇이든 하실 수 있으시니, 이 잔을 저에게서 거두어 주십시오. 그러나 제가 원하는 것을 하지 마시고 아버지께서 원하시는 것을 하십시오"(마르 14,36). 이 기도에 대해서는 부연 설명이 다소 필요한데, 그렇지 않으면 자칫 그 본질을 오해할 소지가 있기 때문입니다. 우선 여기서 "아빠"라는 호칭은 '예수님께서 친히 하신 말씀'에 속하는데, 예수님을 비롯한 당대 갈릴래아 사람들의 일상 언어인 아람어로 된 원시적 기도를 반영합니다. 따라서 이 호칭은 마르코 복음사가가 임의로 지어낸 표현이 아닙니다. 이 기도문은 짧은 시간 내에 퍼져 나가 초기 그리스도교 공동체의 집단 기억에 각인되었을 것입니다(갈라 4,6; 로마 8,15). 루카복음서의 주님의 기도(루카 11,1-4)가 대명사 "우리"를 덧붙이지 않고 단지 "아버지"라는 이 단순한 호칭으로 시작한다는 점만 보더라도, 예수님께서 종종 하느님을 "아버지"라고 부르며 기도하셨음을 알 수 있습니다. 요한 복음사가가 "아버지"라는 호칭을 고수하는 예수님의 기도를 여러 차례 전하는 것 역시 이러한 맥락에서 볼 때 그리 놀라운 일은 아닙니다. 아버지 하느님에 대한 인식은 이 넷째 복음서(요한 17,1-26)가 전하는 놀라운 '대사제의 기도'를 관통하는 주제이기도 합니다. 예수님께서 세상에 알리신 하느님의 이름이 바로 이 "아버지"입니다. 하느님의 부성은 인간을 향한 그분의 무한한 사랑을 집약적으로 보여 주는 표현입니다.

그런데 "아빠, 아버지"라는 기도의 호칭은 운석처럼 어느 날 갑자기 하늘에서 떨어진 것이 아닙니다. 예수님 당시에 이미 유다인들의 기도문에 자리 잡고 있던 표현입니다. 1세기 회당에서 널리 바치던 열여덟 가지 축복기도의 표현은 오늘날 우리가 바치는 주님의 기도에서 용서를 구하는 부분과 매우 흡사합니다. "아버지, 저희가 아버지께 죄를 지었으니 용서하여 주십시오"(열여덟 가지 축복, 6). 이외에도 회당에서 바치는 카디쉬*Qaddish*, 즉 '성화를 위한 기도문' 역시 기본적으로는 주님의 기도 첫 부분과 거의 동일합니다. 곧 "그분의 뜻대로 지으신 그분의 위대한 이름이 세세 영원토록 찬송을 받으시오며"라는 말로 시작되며 그분의 나라가 우리 시대에, 우리 생애 동안에 오기를 간구합니다. 그러므로 "하느님 아버지"는 예수님에게만 속한 개념이 아닙니다. 예언자들도 이러한 하느님의 부성과 모성을 이미 인식하고 있었습니다. 이사야 예언자는 자기 백성의 이름으로 "주님, 당신은 저희 아버지이십니다. 저희는 진흙, 당신은 저희를 빚으신 분, 저희는 모두 당신 손의 작품입니다"(이사 64,7)라고 외칩니다.

이사야 예언서의 후반부에서 다시 한번 당신 백성에 대한 하느님의 사랑이 언급되는데, 이번에는 자식을 위로하는 어머니의 사랑에 빗대어 표현됩니다(66,13). 여기서도 하느님의 모성과 부성은 여느 어머니가 자식에게 갖는 사랑보다 훨씬 더 진실함을 알 수 있습니다. 예언자는 말합니다. "여인이 제 젖먹이를 잊을 수 있느냐? … 설령 여인들은 잊는다 하더라도 나는 너를 잊지 않는다"(49,15). 우리는 기도 안에서 하느님의 부성적이고 모성적인 얼굴을 발견하게 됩니다. 하느님의 부성적 측면이 그분에게서 나오는 안정감에 기인한다면, 모성적 측면은 그분이 당신 자녀와 맺는 친밀한 관계에서 볼 수 있습니다.

하느님의 유일성에 대한 고백인 셰마*Shemàh*는 유다인의 기도에서 빼놓을 수 없는 중요한 부분입니다. "이스라엘아, 들어라! 주 우리 하느님은 한 분이신 주님이시다"(신명 6,4). 하루에 두 번씩 이 셰마 기도문을 암송하는 것은 예수님 시대에도 여전히 실천되던 전통이었습니다. 어떻게 하면 영원한 생명을 받을 수 있는지 묻는 율법학자와 예수님의 대화는 신명 6,5-9에 제시된 셰마 기도를 이웃 사랑의 계명(레위 19,18)과 결부하여 설명합니다. 예수님 이전에는 하느님 사랑과 이웃 사랑이라는 두 가지 계명이 엄격하게 구분되었던 듯합니다. 그러나 예수님은 하느님 사랑은 이웃 사랑에서, 반대로 이웃 사랑은 하느님 사랑에서 비롯되어야 함을 강조하십니다. 그리하여 그분의 가르침 안에서 서로 다른 두 계명이 하나로 연결됩니다(마르 12,28-31). 착한 사마리아인의 비유(루카 10,29-37)는 바로 이 두 계명 사이의 긴밀한 유대에 관한 이야기입니다. 죽어 가는 자를 만지지 않음으로써 정결례를 지킬 것인가, 아니면 법을 어길지언정 생명을 먼저 구할 것인가? 이 비유는 죽을 위험에 처한 사람을 두고 두 가지 계명이 충돌할 때에는 이웃 사랑이 모든 것에 선행해야 함을 보여 줍니다. 이처럼 예수님께서는 기도에 대한 비유를 통해 일상의 선택 앞에서 지혜와 분별력을 가지고 세상을 살아갈 것을 제자들에게 가르치십니다. 또한 이 가르침은 기도의 실천을 강조한 당대 유다 백성의 경건한 전통과 공적 영역에서의 관습을 반영합니다.

제2장

주님의 기도:
제자들의 기도

루카 11,1-4

예수님께서 말씀하신 기도의 비유는 루카 복음사가가 이 주제(루카 11,1-13)를 언급하는 짧은 서론으로 시작합니다. 이러한 흐름의 서사는 제자들과 함께 예루살렘으로 올라가는 마지막 여정(9,51)에서 또다시 등장하며 예수님께서 기도의 자리로 향하셨음을 강조합니다. 그리고 이때 제자 중 한 사람이 "주님, 요한이 자기 제자들에게 가르쳐 준 것처럼, 저희에게도 기도하는 것을 가르쳐 주십시오"(11,1)라고 청합니다. 루카복음서에 세례자 요한의 기도가 언급되는 것은 이번이 처음은 아닙니다. 예수님께서 갈릴래아에서 활동하시는 동안 바리사이와 율법학자들이 그분의 제자들이 먹고 마시는 모습을 문제 삼으며 스승을 비판할 때, 세례자 요한과 바리사이들의 단식과 기도가 언급되었습니다(5,33). 세례자 요한의 기도와 비교할 때 예수님의 기도에는 몇 가지 중요한 특징이 있습니다.

✱ 기도 그리고 예수님을 따름

기도하는 사람을 본받아 따르는 이들 역시 기도하는 사람이 된다는 사실을 복음서에서 발견할 수 있습니다. 흔히 기도를 자연스럽게 흘러나오는 것, 힘들이지 않고 저절로 되는 것이라고 생각하기 쉽습니다. 그런데 여기서 한 가지 짚고 넘어갈 부분이 있습니다. 바로 기도의 첫 번째 특징인 하느님과의 친밀한 관계입니다. 이 친밀함을 바탕으로 할 때 항구하게 기도할 수 있습니다. 그렇지 않으면 시간이 지남에 따라 어떤 특별한 감흥이나 자발성이 점차 줄어들고, 기도 자체가 메말라 버리기 십상입니다. 이렇게 되면 일상의 무수한 걱정이 그 자리를 대신하고 결국에는 기도할 시간이 얼마 남지 않았다는 불안감 때문에 기도는 더욱 위축될 수밖에 없습니다. 그러므로 우리 안에 기도에 대한 열망이 있고, 거기에 더해서 누군가를 모범으로 삼아 배우고 익힐 일종의 '기도의 학교'가 우리에게 주어진다면, 우리의 기도는 '저절로 우러나오는' 차원에서

'꾸준히 지속하는' 차원으로 점차 옮겨 갈 수 있습니다.

　기도를 가르쳐 달라고 예수님께 청한 이 익명의 제자는 본래 세례자 요한이 자기 제자들과 함께 기도하는 모습에 매료된 사람이었습니다. 루카복음서에는 세례자 요한의 기도가 자세히 나오지 않지만, 그가 유다 광야에서 선교 활동을 하는 동안 그의 제자들이 스승의 금욕주의적 삶에 깊이 감화되었음은 분명합니다. 세례자 요한과 예수님은 모두 기도하는 사람이었습니다. 그러나 그 두 사람을 좀 더 면밀히 들여다보면 예수님의 기도에는 세례자 요한의 기도와 구별되는 몇 가지 특징이 있음을 발견하게 됩니다. 특히 세례자 요한이 광야에서 단식과 고행이라는 특수한 방식으로 기도한 반면에 예수님께서는 기도에 '일상 생활'이라는 특성을 부여하셨다는 점에서 큰 차이가 있습니다. 물론 기도의 대가로서 이 두 사람이 모두 꾸준히 노력한다는 점은 같습니다. 예수님에게 기도는 일상적이고 평범하지만 끊임없는 노력이 따르는 과정이었습니다. 주님의 기도에서 매일 일용할 양식을 구하는 청원처럼 그분은 매일, 필요한 자리라면 어디서든지, 마치 숨을 들이쉬고 내쉬듯 끊임없이 기도를 바치셨습니다.

예수님의 기도는 스스로 돋보이려고 일부러 광장과 회당에서 기도하던 '몇몇' 바리사이의 기도와는 차원이 달랐습니다. 그렇다고 예수님 시대의 '모든' 바리사이가 복음의 일부 구절에서 비판받는 것처럼 단지 자신의 경건함을 과시하기 위해 기도했다고 결론짓는 것은 바람직하지 않습니다. 예를 들어, 유다인의 지도자였던 니코데모는 밤에 예수님을 찾아왔습니다(요한 19,39). 이는 그가 어떤 형태로든 대중의 눈에 띄는 행동에서 자유롭지 않았음을 보여 줍니다. 하지만 바리사이들이 늘상 행하는 단식, 기도, 자선 같은 경건한 행위에는 자칫 다른 이들에게 과시하려는 유혹에 빠질 위험성이 있었음은 분명합니다. 그러기에 예수님께서는 비록 바리사이 가운데에도 많은 친구를 두셨지만 그들이 주장하는 의식적 경건의 실천보다는 인간 현실, 특히 병든 이와 가난한 이들의 일상적 삶을 더욱 우선시하셨습니다.

예수님께서는 기도의 중요성을 결코 간과하지 않으시고, 집에서나 길에서나 여행 중에 언제 어디서나 기도하라고 가르치셨습니다. 주님의 기도는 바로 이 점에서 예수님을 따르는 모든 제자에게 필수적인 기도라 하겠습니다. 이제 예수님이 말씀하신 기도에 관한 비유를 본격적으로 다루기 전에, 그분께서 여정을 시작할 때 가르치셨으며 모든 그리스도인 기도의 기본이라 할 수 있는 주님의 기도에 대해 잠시 살펴봅시다.

✱ 이름의 거룩함에서부터 믿음의 시험에 이르기까지

마태오복음서에 나오는 주님의 기도(마태 6,9-13)는 루카복음서의 기도문(루카 11,2-4)보다 더 깁니다. 이 둘은 그 편집과 맥락에서 서로 유사하면서도 구분되는 몇 가지 차이점을 지니고 전승되었습니다. 가령 마태오가 주님의 기도를 산상설교(마태 5,1-7,29)의 맥락 안에서 이어지도록 배치한 반면, 루카는 예루살렘으로 가는 여정의 도입부 (루카 9,51-19,46)로 옮겨 배치하였습니다. 예수님의 공생활이 어느 정도 지속된 시점에서 제자들이 기도하는 예수님의 모습을 통해 점차 기도의 중요성을 인식했으리라고 추정한다면, 아마도 루카의 이야기가 전체 서사의 맥락에는 더 적합해 보입니다. 기도하는 법을 가르쳐 달라는 제자들의 요청은 '제자도弟子道'가 어느 정도 발전된 단계에서 나올 수 있기 때문입니다. 주님의 기도는 복음사가들이 문자로 기록하기 전에 입으로 전해진 '예수님께서 친히 하신 말씀'에 속합니다. 마태 6,9-13에 나오는 주님의 기도보다는 비교적 덜 알려진 루카 11,2-4의 본문을 옮겨 보면 다음과 같습니다.

아버지
아버지의 이름을 거룩히 드러내시며
아버지의 나라가 오게 하소서.
날마다 저희에게 일용할 양식을 주시고

저희에게 잘못한 모든 이를 저희도 용서하오니
저희의 죄를 용서하시고
저희를 유혹에 빠지지 않게 하소서.

루카가 전하는 이 짧은 주님의 기도에는 총 다섯 가지 청원이 담겨 있습니다. 마태오복음서에는 루카복음서에서 볼 수 없는 두 가지 요청, 즉 하늘과 땅에서 하느님의 뜻이 이루어지기를 바라는 청원(마태 6,10)과 악에서 구해 달라는 청원(6,13)이 추가되면서 총 일곱 가지 청원이 제시됩니다. 마태 6,9-13처럼 루카 11,2-4의 주님의 기도 역시 구조상 두 부분으로 나뉘는데, 첫째 부분(11,2)에서는 이름의 거룩함과 하느님 나라의 오심에 대해, 둘째 부분(루카 11,3-4)에서는 제자들의 삶에 대해 청원합니다. 루카는 마태오보다 훨씬 더 직접적으로 이 기도문을 제자도를 가르치는 본문으로 제시합니다.

루카가 전하는 주님의 기도는 기도에 관한 예수님의 비유들과 연관되어 참신함을 띱니다. 실제로 예수님께서는 하늘에 계신 아버지와 제자들의 관계를 더욱 굳건히 하기 위해 한밤중에 찾아온 친구의 비유(11,5-13)를 말씀하십니다. 여기에서 주님의 기도와 비유 사이에는 밀접한 연관성이 있습니다. 즉, 예수님께서는 기도에 대해 가르치신 후에 기도의 영적 이해를 심화하기 위해 구체적인 일상이 녹아든 비유를 드셨습니다. 이렇게 예수님께서는 비유로 기도하는 방법을 가르치셨고, 주님의 기도는 바로 그 방법을 명확하게 반영합니다.

다음 장에서는 주님의 기도와 비유에 나오는 기도 사이의 연관성을 한밤중에 찾아온 친구(11,5-13), 과부와 재판관(18,1-8), 자비로운 아버지(15,11-32), 성전에서 기도하는 바리사이와 세리(18,9-14), 무화과나무와 하느님 나라(21,29-36) 등의 비유를 통해 더욱 깊게 살펴볼 것입니다. 그중에서도 '자비로운 아버지의 비유'가 눈에 띌 것입니다. 언뜻 보기에 이 비유는 기도와는 상관없어 보입니다. 사실 이 비유는 예수님께서 종종 세리와 죄인들과 어울리며 함께 식사하시는 모습에 불만을 제기하는 이들을 가르치기 위해 사용하신 것입니다(15,1-12).

  이 비유에 나오는 아버지의 모습은 인간을 향한 하느님의 사랑의 방식을 드러냅니다. 그리고 두 아들과 그들의 요구는 그러한 자비로운 아버지에 의해 바로잡혀야 하는 인간의 불완전한 간청을 잘 보여 줍니다. 자신을 아버지의 종으로라도 삼아 달라고 청하는 작은아들의 요청(15,21)은 당당하게 아버지의 불의를 고발하는 큰아들의 오만한 요청(15,29)과 대조를 이룹니다. 다른 기도의 비유들과 마찬가지로 이 자비로운 아버지의 비유가 주님의 기도에서 발견되는 몇 가지 특징을 어떻게 발전시키는지 살펴볼 것입니다.

  이제 우리는 세상을 향한 하느님의 무한한 부성애가 담긴 예수님의 비유들을 살펴볼 것입니다. 예수님께서는 기도하는 사람으로서 일상의 경험이 생생히 녹아든 비유를 통해 기도하는 방법을 가르치셨습니다. 성경에 등장하는 기도의 스승들과 차별화되는 예수님의 기도 방식은 그분께서 주님의 기도와 일련의 기도의 비유를 독특하게 조합하신다는 점입니다. 예수님은 일상에서 착안한 비유들로 기도하는 방법을 가르치셨습니다. 이는 기도가 곧 우리의 일상이며, 그렇지 않다면 그것은 기도라고 할 수 없기 때문입니다.

제3장

한밤중에 찾아온 친구와 일용할 양식

루카 11,5-13

기도에 관한 예수님의 첫 번째 비유는 주님의 기도에 담긴 두 가지 핵심 부분, 즉 "아버지"라는 첫 호칭과 일용할 양식에 관한 요청에 초점을 맞춥니다(루카 11,3). 주님의 기도에 이어지는 첫 번째 비유가 바로 성가신 요청을 하는 친구의 비유, 즉 한밤중에 갑자기 찾아온 친구에게 내줄 빵 3개를 꾸려는 사람에 대한 이야기라는 사실은 우연이 아닙니다(11,5-8). 우리는 이 비유에서 이야기를 주도하는 실제 주인공이 비유에 등장하는 세 사람(역자주: 찾아온 친구, 빵을 청하는 친구, 요청받는 친구) 중 하나가 아니라, 청하는 이에게 성령을 주시는 아버지라는 점을 주목해야 합니다(11,13).

예수님의 비유가 대개 그러하듯 그분은 먼저 원론적인 이야기에서 시작하여 점차 일상적인 사례로 나아갑니다. 여기서는 일상에서 흔히 겪을 수 있는 친구들 사이에 빵을 꾸어 주는 상황을 통해 이를 구체화합니다. 그런 다음 예수님께서는 하늘에 계신 아버지와 제자의 관계에 대해 눈을 열어 주는 몇 가지 가르침을 주십니다. 기도는 혼자서 중얼거리는 독백을 하느님과 나누는 대화라고 여기는 '경건한' 착각과는 다릅니다. 기도는 아버지이신 하느님과의 관계를 실제로 더욱 깊어지게 하기 때문입니다.

✱ 긴급한 상황에서 바치는 기도

예수님의 많은 비유는 익명의 대담자 갑, 을, 병을 중심으로 전개됩니다. 이들은 이야기의 구조 안에서 각각 나, 너, 그리고 다른 사람을 대표합니다. 한밤중에 찾아온 친구의 비유는 이러한 서사적 클리셰Cliché[2]에 대한 특별한 거부감 없이 동일한 패턴을 따릅니다. 그런데 우리는 이 이야기가 전개되는 상황이 긴박하다는 점을 눈여겨보아야 합니다. 한 사람이 한밤중에 친구 집 문을 두드립니다. 그는 여행에서 돌아와 자신을 찾아온 다른 친구에게 줄 음

---

2   역자주: 상투적으로 사용되어 예측 가능하거나 다소 진부해진 표현이나 문학적 장치를 지칭한다. 대중성을 추구하는 영화나 문학에서 흔히 볼 수 있으며, 특히 스토리텔링에 있어서 플롯 장치, 인물의 유형이나 서사적 구성 등에서 빈번히 사용된다.

식이 없으니 빵 3개를 꾸어 달라고 부탁합니다. 동방 문화에서 환대란 신성한 가치로 여겨져 왔습니다. 특히 긴급한 상황에서 받은 환대는 더욱 그러합니다. 마므레의 참나무에서 세 사람을 접대한 아브라함의 이야기가 대표적인 예입니다(창세 18,1-16). 히브리서 저자는 이 에피소드를 상기시키며 신자들에게 환대를 실천할 것을 권고합니다. "손님 접대를 하다가 어떤 이들은 모르는 사이에 천사들을 접대하기도 하였습니다"(히브 13,2).

우리는 흔히 위급하거나 도움이 필요한 상황에서 기도합니다. 그럴 때 우리는 곧장 아버지께 향합니다! 그렇게 하느님을 향해 간청하다가도 위급한 상황이 지나가면 이내 기도를 잊어버립니다. 그러나 아버지께서는 이런 인간의 마음을 이미 잘 알고 계십니다. 필요에 따라 그때그때 긴급하게 바치는 기도에서 갖가지 장애물을 극복하며 점차 성장해 가는 기도로 변화하기란 쉬운 일이 아닙니다. 한밤중에 찾아온 이 성가신 친구의 비유는 필요를 채우기 위해 일시적으로 기도하는 데서 그치지 말고, 끊임없이 문을 두드리는 친구처럼 끈기 있게 기도하라는 교훈을 줍니다. 그런데 이를 위해서는 넘어야 할 장애물이 하나 있습니다. 곧, 빵 3개를 달라는 요청만이 아니라, 거기에 따르는 난관들까지 생각해야 합니다. 그 난관이란 바로 집에 있는 친구가 보인 반응입니다. 그는 자신에게 청하는 이가 친구라는 이유만으로 흔쾌히 일어나 빵 3개를 즉시 내어 줄 수 있는 입장이 아닙니다. 벌써 문을 닫아걸었고, 아이들은 잠들었으며, 그도 이미 자려고 누운 터라, 일어나 그 요청을 들어줄 수 없습니다.

빵 3개를 얻기 위한 끈질긴 요청은 주님의 기도의 첫 번째 청원인 "저희에게 일용할 양식을 주시고"(루카 11,3)를 상기시킵니다. 우리에게는 자신과 다른 사람들을 위해 식탁에 내놓을 빵이 우선 필요합니다. 아버지의 섭리에 온전히 의지하는 제자라 할지라도, 무엇보다 먼저 생계를 위한 빵이 필요하다는 말입니다. 이 점에서 우리는 기도의 일상성을 이해하게 됩니다. 매일의 끼니를 채워야 하기에, 제자는 하느님의 섭리가 결코 어긋나지 않기를 날마다 간구합니다. 주님의 기도에서 일용할 양식에 대한 청원은 종종 성체성사에 대한 언급으로 해석됩니다. 그렇지만 성체성사의 중요성을 강조한 나머지 실제 '일용할 양식'을 청하는 이 기도의 일상적 차원을 축소하는 것은 바람직하지 않습니다. 우리의 아버지이신 하느님께서는 매일 식탁에 올라오는 일용할 양식과 성체성사의 빵을 모두 배불리 주실 수 있는 분입니다. 하나 덧붙이자면, 이 비유에서 다루는 일용할 양식에 대한 요청이 사실 현실에서는 다소 어려운 일로 느껴집니다. 아마도 오늘날 많은 사람이 다른 이들에게, 심지어 하느님께도 의지하지 않고 자기 힘만으로 생계를 유지하려고 노력하기 때문일 것입니다.

한밤중에 찾아온 친구의 비유는 끈기 있고 항구한 기도의 필요성을 잘 보여 줍니다. 이렇게 항구하게 기도할 때 우리는 삶에서 맞닥뜨리는 크고 작은 난관을 극복하는 힘을 얻을 수 있습니다. 무례한 요구를 할 수밖에 없는 다급한 상황이 우리에게도 얼마든지 일어날 수 있습니다.

하지만 그때마다 하느님의 부성은 한 사람도 소외됨 없이 모든 인간에게 닿는다는 점을 신뢰한다면, 우리는 더 의연하게 곤경에 대처할 수 있습니다.

✱ 성령과 기도

이 비유의 두 번째 부분은 긴급한 상황에 놓인 세 친구 이야기에서 자녀들과 함께 계신 아버지께로 초점을 옮깁니다(11,9-13). 기도할 때는 응답을 받으리라는 확신을 갖고 청하고, 얻을 수 있도록 찾고, 문이 열리도록 두드려야 합니다. 하느님께서는 인간의 마음을 우리 자신보다 더 잘 아시기에 우리의 기도는 사실상 그분을 위한 것은 아닙니다. 기도는 일용할 양식처럼 인간의 내적 삶에 영양을 공급하므로 결국에는 우리 자신을 위해 필요한 것입니다. '구하면 찾고, 두드리면 열리리라'는 말씀의 암묵적 주인공은 우리와 함께하시는 섭리의 하느님 아버지이십니다. 그리고 하느님을 향한 우리의 필요야말로 끊임없이 기도하게 하는 내적 원동력입니다.

 비유의 두 번째 부분에서 예수님께서는 아버지와 자녀의 관계를 예로 들면서 두 가지 음식에 초점을 맞추십니다. 생선을 달라는 아들에게 아버지는 절대로 뱀을 주지 않으며, 달걀을 달라는 아들에게 전갈을 주지 않는다는 것이 이야기의 요지입니다. 이 비유는 일부 물고기의 형태는 뱀과 유사하며, 때때로 달걀과 전갈을 구별하기가 쉽지 않다는 경험적 사실에 기반합니다. 그런데 우리의 기도에서도 이러한 오해가 종종 발생하곤 합니다. 제자가 무언가를 청했는데 하느님께서 마치 물고기 대신 뱀을, 달걀 대신 전갈을 주는 것처럼 그에게 해로운 무언가를 주셨다고 실망하는 태도가 바로 그렇습니다. 그러나 하느님 아버지께서는 항상 가장 좋은 것으로 제자의 기도에 응답하십니다. 다만 우리가 원하는 방식이 아니라 그분께서 원하시는 방식으로 응답하실 따름입니다. 따라서 설령 그것이 우리 눈에는 뱀처럼 보일지라도 사실은 물고기이며, 전갈처럼 보일지라도 실상은 달걀임을 알아야 합니다. 이 점에서 제자에게는 '분별력'이 요구됩니다. 분별력이 없으면 우리는 눈에 보이는 것들에 쉽사리 실망하여 기도를 포기하고 맙니다.

이 비유는 일상에서 경험할 수 있는 또 다른 사례를 제시하며 이야기를 마무리합니다. 예수님께서는 선보다 악에 더 기울어 있는 인간조차 자녀에게 좋은 것을 줄 줄 아는데 하물며 하늘에 계신 아버지께서 "당신께 청하는 이들에게 성령을 얼마나 더 잘 주시겠느냐?"(11,13) 하고 말씀하십니다. 앞서 언급한 두 가지 비유, 즉 한밤중에 찾아온 친구의 비유와 자녀에게 음식을 주는 아버지의 비유 사이에는 그다지 상관관계가 없는 것처럼 보일 수도 있습니다. 더욱이 비유 말미에 하느님께 청해야 할 것으로 제시된 '성령'이 대체 이 비유와 어떤 관련이 있을까요? 그런데 예수님께서는 성령을 언급하기에 가장 적절한 순간을 포착하셨습니다. 루카가 "성령"을 언급하는 것과 달리, 마태오복음서에 있는 병행구에서는 성령 대신 "당신께 청하는 이들에게 좋은 것"(마태 7,11)을 제시합니다. 이 두 복음서의 내용을 연결해 볼 때 우리는 '성령'이야말로 하느님께 청하는 이들, 즉 그분의 자녀인 우리가 구해야 할 '가장 좋은 것'임을 깨닫게 됩니다. 성령은 아버지께서 자녀에게 가장 먼저 주시는 선물로, 그분께서는 이 성령과 함께 다른 모든 물질적·영적 은총을 우리에게 베풀어 주십니다.

성령이 기도의 주인공이라고 하는 이유가 여기에 있습니다. "우리는 올바른 방식으로 기도할 줄 모르지만, 성령께서 몸소 말로 다할 수 없이 탄식하시며 우리를 대신하여 간구해 주십니다"(로마 8,26). 우리는 기도할 때에 무엇을 구해야 할지조차 모르는 우리의 연약함을 존재의 다른 어떤 영역보다도 강하게 경험하게 됩니다. 그럴 때마다 성령께서는 제자인 우리의 동반자가 되시어 우리와 함께 호흡하시며 도움을 주십니다. 이 점에서 성령은 믿는 이의 마음에 부어지는 하느님의 숨결(로마 5,5 참조)이십니다.

❋ 결론

주님의 기도에 성령이 명시적으로 언급되어 있지 않다는 사실 때문에 성령의 중요성을 과소평가하는 경우가 종종 있습니다. 그러나 주님의 기도의 첫 번째 단어(역자주: 이탈리아어 '주님의 기도' 첫 단어는 아버지Padre이다)인 "아버지"는 성령께서 신자들 안에서 간청하시며 성부께 바치시는 기도이며(갈라 4,6), 신자들이 성령 안에서 하느님께 외칠 때(로마 8,15) 사용하는 호칭인 "아빠, 아버지"를 상기시킵니다. 그렇습니다. 성령 없이는 그 누구도 하느님을 "아빠, 아버지"라 고백하며 '부르짖을' 수 없습니다. 예수님께서도 당신 생의 처음부터 마지막 순간까지 하느님을 "아빠"라고 부르며 기도하셨고, 제자들에게도 하느님을 아버지로 부르며 기도하라고 가르치셨습니다(마르 14,36). 이 책 1장에서 우리는 "아빠, 아버지"라는 호칭이 자녀로서 아버지를 부르는 친밀함의 표현일 뿐만 아니라, 위급하고 고통스러운 상황에서도 하느님의 부성에 대한 신뢰를 잃지 않는 성숙한 신앙의 표현임을 이미 살펴보았습니다.

　기도에 관한 예수님의 첫 번째 비유는 이렇게 그 결론에서 성령을 언급함으로써 모든 이가 그리스도의 영과 함께 숨쉬는 법을 배우도록 이끌어 줍니다. 이 비유에서 언급하는 성령은 나무 사이로 부는 바람처럼 그저 스쳐 지나가는 영이 아닙니다. 오히려 기도하는 사람이 아버지 하느님 그리고 예수 그리스도와 지속적인 신뢰 관계를 맺도록 이끄시는 영입니다. 이런 점에서 성령은 우리가 기도할 때에 더욱 필요합니다. 그렇지 않으면 우리는 저마다 자신이 원하는 때에 자신이 원하는 방식대로 기도하는 즉흥성과 자발성에 빠지게 됩니다. 성령께서는 우리에게 인내심을 가지고 기도하는 방법을 가르치시는 내면의 스승이십니다. 우리는 즉흥적이고 자발적인 기도에서 벗어나 성령의 인도에 따른 항구한 기도로 나아가야 합니다. 이것이 지금까지 우리가 살펴본 기도에 대한 예수님의 첫 단계 가르침의 핵심입니다.

제4장

자비로운 아버지와

죄의 용서

루카 15,11-32

예수님의 비유 가운데 몇 가지는 가히 예술 작품이라 할 만큼 서사적 아름다움이 탁월합니다. 가장 뛰어난 비유 중 하나는 우리에게 흔히 '탕자의 비유'라는 잘못된 제목으로 더 잘 알려진, 이른바 '자비로운 아버지의 비유'입니다. 이 비유는 읽을 때마다 색다른 매력을 발견하게 되는데, 특히 하느님과 자녀의 관계라는 관점에서 깊이 읽을 때 더욱 그러합니다. 사실 이 비유에 나오는 아버지처럼 행동할 수 있는 부모는 이 세상에 아무도 없을 것입니다. 예수님께서 묘사하신 이 상상할 수 없이 자비로운 아버지의 모습은 하느님과 인간의 관계를 보여 줍니다. 즉 자비로운 아버지의 행동 방식은 모든 인간을 찾아 나서시는 아버지 하느님을 반영하는 셈입니다.

그리스-로마 세계에서는 대낮에 등불을 들고 참된 인간을 찾아다닌 시노페의 디오게네스처럼 인간이 인간을 찾는다면, 성경의 세계에서는 그 인간을 뼛속까지 깊이 알고 계신 하느님께서 먼저 인간을 찾아 나서십니다. '사람아, 너 어디 있느냐?'(창세 3,9 참조)라는 원역사 속 이

제4장 자비로운 아버지와 죄의 용서

원초적 질문은 구원 역사를 관통하며, 이제 우리가 살펴볼 '자비로운 아버지의 비유'에까지 이릅니다. 이 자비로운 아버지의 비유를 통해 예수님께서는 제자들에게 기도에 관해 무엇을 가르치셨을까요? 여기서는 두 아들과 아버지의 반응에 담긴 의미를 예수님께서 가르치신 기도의 본질적 특성과 연결하여 생각해 보겠습니다. 이 비유를 다시 깊이 읽기 위한 핵심은 루카 11,4에 나오는 주님의 기도의 네 번째 청원에서 찾을 수 있습니다. 제자들은 아버지께 자신들의 죄를 용서해 주시기를 청하기에 앞서 자신에게 잘못한 이들을 용서할 수 있기를 청합니다.

✱ "아버지, 제가 하늘과 아버지께 죄를 지었습니다"

탕자의 이 기도는 절박함이 묻어나는 간청입니다. 그가 아직 아버지의 집에서 멀리 떨어져 있을 때, 즉 재산을 탕진하고 돼지를 치며 겨우 연명하며 지내고 있을 때 그는 마침내 아버지의 집으로 돌아가기로 결심합니다. 그리고

"아버지, 제가 하늘과 아버지께 죄를 지었습니다. 저는 아버지의 아들이라고 불릴 자격이 없습니다"(루카 15,20)라는 말로 아버지께 용서를 빌기로 합니다. 그의 간청은 주님의 기도에서와 같이 "아버지"라는 호칭으로 시작됩니다. 그러나 이것은 어디까지나 자신의 필요에 따른 간구일 뿐입니다. 다시 말해, 작은아들은 마음속 깊이 회개했기 때문이 아니라 그저 자신이 굶어 죽을 위험에 처했기 때문에 아버지께 돌아오기로 결심했습니다.

아버지 앞에 선 작은아들은 준비한 말을 그대로 반복합니다. 그러나 그 말은 한걸음에 달려와 그를 껴안는 아버지에 의하여 이내 중단됩니다. 이러한 서사적 구조는 다분히 루카가 의도한 장치라고 할 수 있습니다. 작은아들은 자신이 처음에 계획한 대로 다음과 같은 말을 이어가고 싶었을 것입니다. "저를 아버지의 품팔이꾼 가운데 하나로 삼아 주십시오"(15,19). 비록 부정적인 측면이기는 하지만, 이것 역시 기도의 본질적 특성을 보여 줍니다. 그의 이 불완전한 청원에서조차 여전히 하느님은 그의 "아버지"이시며 자녀는 결코 그 자녀 됨의 지위를 잃지 않습니다. 기도가 깊어질수록 우리는 약속에 충실하시며 인간을 먼저 찾아 나서시는 하늘의 아버지가 우리를 기다리고 계신다는 사실을 더욱 잘 깨닫게 됩니다.

이 비유 속 이야기의 전환점은 이 아들이 아직 멀리 있었을 때에 아버지가 그를 먼저 발견하는 순간입니다. "그가 아직도 멀리 떨어져 있을 때에 아버지가 그를 보고 가엾은 마음이 들었다. 그리고 달려가 아들의 목을 껴안고 입을 맞추었다"(15,20). 여기에 사용된 동사들은 아버지가 아들에게 다가가는 그 억누를 수 없는 감동을 표현합니다. 기도는 어느 누구도 볼 수 없는 먼 곳에서도 우리를 지켜보고 계시는 아버지와의 만남입니다. 아버지가 아직 멀리 떨어져 있는 아들을 먼저 발견할 수 있었던 까닭은 아들이 먼 곳으로 떠난 바로 그 순간부터 한결같이 그를 기다리고 있었기 때문입니다(15,13). 하느님과 인간 사이의 거리는, 설령 우리가 보기에 아무리 멀더라도 그분께 아무런 문제가 되지 않습니다!

아버지가 아들과의 거리를 뛰어넘게 되는 이 지점은 파토스*pathos*로 가득 찬, 동사 "가엾은 마음이 들었다"에 집약되어 있습니다. 그리스어 원문은 감정의 자리이자 생명이 존재하고 생성되는 '내장 기관'을 뜻하는 명사 스플랑크나*splankna*로부터 파생된 동사 에스플랑크니스테*esplanknisthē*를 사용합니다. 루카복음서에는 이 동사가 세 번이나 나옵니다. 예수님께서 나인 지방 성문 앞에서 어린 아들의 죽음에 슬퍼하며 우는 과부를 보고 가엾은 마음을 느끼신 장면(7,13)과 착한 사마리아인의 비유에서 다시 등장합니다. "그를 보고서는, 가엾은 마음이 들었다"(10,33). 그리고 이제 이 동사에 담긴 의미는 자비로운 아버지의 비유에서 그 절정에 이릅니다. 이처럼 기도란 모든 사람을 향한 하느님의 연민, 즉 그분의 부성애와 모성애를 모두 드러내는 계시의 자리입니다. 렘브란트가 그린 '탕자의 귀환'(1668년, 상트페테르부르크, 에르미타주 미술관 소장)을 본 우리는 아들의 어깨에 얹은 아버지의 두 손이 각각 다르게 묘사되어 있음에 놀랍니다. 그의 오른손은 여성성을, 왼손은 남성성을 드러냅니다. 그리고 아버지의 품에 머리를 숙이고 있는 아들은 마치 여인의 자궁에 있는 태아를 연상시킵니다. 이 품은 하느님의 자비로 그 자궁에 감싸인 이들을 새 생명으로 거듭나게 하는 곳이라 할 수 있습니다.

기도가 성숙해지면 우리가 아무리 빨리 달려가더라도 하느님 그분이 먼저, 마치 이 비유 속 아버지가 아들을 만나기 위해 달려오듯, 우리에게 오고 계심을 깨닫게 됩니다. 먼저 달려와 목을 껴안고 매달리는 주체는 하느님 앞에 엎드린 인간이 아니라 바로 하느님이십니다. 기도는 하느님의 이 입맞춤, 즉 하느님과 인간 사이의 심연과 같은 차이 속에서도 그 모든 거리를 없애는 친밀함의 입맞춤이라고 할 수 있습니다. 이 비유에서 묘사되는 아버지의 입맞춤은 모압평원에서 숨을 거두는 모세를 향한 하느님의 입맞춤을 연상시킵니다. 유다 전승에 따르면 하느님께서는 백성과 헤어지는 모세의 고통을 덜어 주기 위해, 지상의 삶에서 영원으로 가는 여정에 앞서 친히 그를 찾아오시어 그의 영혼에 입맞춤하셨다고 합니다. 기도할 때 우리는 하느님 앞에서 결코 낯선 이가 아닙니다. 죄를 지었든, 어떤 상태에 있든 하느님께서는 우리를 당신의 부성과 모성으로 늘 감싸 주십니다. 우리가 그분의 자녀이기 때문입니다.

이제 아버지가 작은아들의 존엄성을 회복해 주는 행위가 이어집니다. 아버지는 하인들에게 가장 좋은 옷을 가져와 아들에게 입히고 반지를 끼우고 신발을 신겨 주라고 명령합니다. 그리고 성대한 잔치를 베풉니다. 죽은 아들이 다시 살아났음을 축하하는 잔치입니다. 이 비유에 묘사된 하느님의 모든 행동은 주님의 기도의 첫 번째 청원인 '당신의 이름이 거룩하게 여겨지기'(루카 11,2; 역자주: 《성경》은 "이름을 거룩히 드러내시며"로 옮겼다)를 압축한 것으로, 하느님께서 모든 사람에게 다시 새 생명을 불어넣으심으로써 당신의 거룩함을 나타내셨음을 의미합니다. 오직 하느님만이 그러한 자비를 베푸실 수 있습니다. 흥미로운 점은 두 사람이 재회하는 순간부터 오직 아버지만이 행위의 주체로서 행동하고 명령하며, 아들은 온전히 아버지의 자비로운 행위에 따라 거룩함의 옷을 입게 된다는 점입니다. '거룩함'이란 인간이 행하는 어떤 선한 행위로 증명되기 이전에 이미 존재 자체로 그가 하느님께 속하도록 선택된 사람임을 나타냅니다. 즉, 믿는 이들은 누구나 그 자신에게 속하지 않고 하느님께 선택을 받아 그분께 성별된 이들입니다. 그러기에 자신의 죄가 어떤 것이든 아버지이신 하느님께서 친히 그를 감싸고 입히시는 거룩함이 그에게 새 생명을 줍니다.

✱ 큰아들의 오만불손함

이 비유의 두 번째 부분에서 우리는 아버지와 큰아들의 갈등을 봅니다(15,25-32). 아이러니하게도 지금 아버지에게 가장 어려운 일은 집을 나갔던 작은아들이 아닌, 단 한 번도 집을 떠난 적 없는 이 큰아들과의 만남일 것입니다. 큰아들은 가족의 재산을 관리하기 위해 들에서 일을 하다 집으로 돌아오는 길입니다. 그러다 하인들에게 동생의 귀환을 축하하는 잔치가 열렸다는 소식을 듣습니다. 그는 이 말에 화가 나서 그 잔치에 가지 않기로 결심합니다. 그러자 아버지가 밖으로 나가 아들에게 자신과 함께 가자고 설득합니다. 하지만 큰아들의 대답은 원망으로 가득 차 있습니다. "보십시오, 저는 여러 해 동안 종처럼 아버지를 섬기며 아버지의 명을 한 번도 어기지 않았습니다. 이러한 저에게 아버지는 친구들과 즐기라고 염소 한 마리 주신 적이 없습니다"(15,29). 사실 큰아들의 말을 잘 들여다보면, 그가 얼마나 주제넘은 불평을 하고 있는지 알 수 있습니다. 그는 자신이 항상 아버지의 명령에 순종했기 때문에 아버지에게 당연히 자신의 요청을 들어줘야 할 의무가 있다고 생각합니다. 그는 한껏 오만한 마음으로 아버지 앞에서 동생의 죄를 거침없이 고발하며 단죄하기 시작합니다. 사실 우리는 큰아들의 비난을 통해서야 비로소 작은아들이 창녀들과 함께 즐기며 아버지의 재산을 낭비했다는 사실을 알게 됩니다(15,30). 큰아들이 아버지 앞에서 자신의 권리를 주장하는 과정에서 필연적으로 동생을 단죄하고 판단하는 행동이 뒤따릅니다. 그는 자신이 아버지 앞에서 죄를 짓지 않았다고 확신하기 때문에 이토록 당당하게 동생을 단죄하고 그를 용서하기를 거부합니다. 그런 의미에서 이 비유는 자신에게 잘못한 이의 죄를 용서함으로써 하느님께 자신의 죄도 용서해 주시기를 청하는 주님의 기도의 청원을 떠오르게 합니다(11,4).

큰아들에게는 아버지로서의 하느님과 자녀로서의 인간의 관계가 자신과 동생에게 동일하게 적용된다는 본질적인 인식이 결여되어 있습니다. 그러한 연유로 그는 결코 "아버지"로 부르지 않으며(역자주: 15,29에서 큰아들은 아버지를 "보십시오"라고 부르며, 자신을 종에 견준다), 동생과 자신을 묶어 주는 형제애도 인식하지 못합니다.

이렇게 될 때 우리의 기도는 자신이 애쓴 공로를 움켜쥐려는 권리 문제로 전락하고 맙니다. 이처럼 자신의 곁에 있는 누군가가 나의 형제라는 사실을 잊을 때 카인과 아벨 이야기와 같은 비극이 시작됩니다. 카인이 자기 동생

아벨을 죽인 후 하느님께서는 그에게 물으십니다. "네 아우 아벨은 어디 있느냐?"(창세 4,9).

다시 비유로 돌아갑시다. 큰아들의 말을 들은 아버지의 대답은 우리에게 다시 한번 '무장 해제'된 아버지의 지극한 사랑을 보여 줍니다. 이 아버지는 결코 큰아들이 받을 상속권을 부정하지 않습니다. 그는 다만 큰아들에게 너의 아우가 죽었다가 다시 살아났고, 길을 잃어버렸다가 다시 찾았으니 이제는 잔치에 참여해서 다 함께 기쁨을 나누자고 말합니다. 여느 인간 부모와는 다른 하느님의 놀라운 부성이 여기서도 드러납니다. 인간에 대한 연민으로 지나간 모든 과오를 잊고 지금 여기에 그가 돌아왔다는 사실에 기뻐하는 태도가 바로 그렇습니다. 아버지는 불평에 가득 차서 자기가 받은 맏아들 지위까지 부정하는 큰아들에게 다만 '저 아이가 네 아우'(루카 15,32 참조)임을 상기시켜 줄 뿐입니다. 이것은 예수님께서 당신이 죄인들과 어울린다고 비난하는 사람들의 오만함에 대응하시는 방식이기도 했습니다. 이 비유는 열린 결말로 끝을 맺습니다. 큰아들이 결국 아버지의 요구대로 동생의 귀환을 축하하는 잔치에 참석하기로 결정했는지 아닌지의 여부는 알 수 없습니다. 이런 열린 결말은 우리 각자에게 스스로 결정할 책임과 자유를 남깁니다. 그러나 분명한 점은 하느님께서는 언제나 의인(으로 자처하는 이들)의 편이 아닌 죄인의 편에 서 계시다는 것입니다.

✱ 결론

예수님께서는 작은아들과 큰아들의 청원을 바로잡아 주심으로써 우리에게 기도하는 방법을 가르치십니다. 작은아들의 청원은 그가 아들로서 지닌 본래의 존엄성을 회복해 주는 아버지의 거룩함을 통해 비로소 온전해집니다. 반면에 큰아들의 청원은 하느님의 무한한 부성적 사랑을 통해 바로잡혀야 합니다. 이 아버지는 큰아들이 지닌 장자의 특권을 결코 부정하지 않습니다. 다만 거기서 한 걸음 더 나아가기를, 즉 죽음에서 생명으로 돌아온 동생을 자비로이 받아들여 함께 잔치에 들어가기를 권합니다. 인간의 절박함에서 비롯된 작은아들의 간청과 이미 얻었음에도 누리고 있음을 깨닫지 못한 큰아들의 권리 사이에서 하느님의 놀라운 부성이 드러납니다. 하느님이 이루신 작은아들의 '회개'와 신분의 '회복'은 큰아들이 받아들여야 하는 '화해'와 주제적으로 균형을 이룹니다. 조금 이상하게 들리겠지만, 하느님께서는 형제들 사이의 화해에 대해 그들이 아는 것보다 훨씬 더 효과적인 방법을 알고 계십니다. 그런 의미에서 이 매력적인 비유는 우리가 형제를 잊지 않고 기도하는 방법을 가르쳐 줍니다. 주님의 기도에서 요구하는 죄의 용서는 형제가 우리에게 진 빚을 용서하는 행동과 결코 분리될 수 없습니다(루카 11,4).

이 비유의 주제는 마태오복음서에 나오는 '자비로운 주인'의 비유(마태 18,23-35)에도 반영되어 있습니다. 루카의 비유가 아버지와 큰아들 또는 두 형제간의 만남의 결과에 연연하지 않고 일종의 '열린 결말'로 마무리되는 것과 달리, 마태오의 비유는 매우 극적인 에필로그로 끝맺습니다. 어떤 군주가 자기 종에게 자비를 베풀어 그가 도저히 갚을 수 없는 빚을 탕감해 주었습니다. 그런데 빚을 탕감받은 종이 자신과 같은 처지에 놓인 다른 동료의 빚을 탕감해 주지 않았음을 알게 된 주인은 그 매정한 종을 평생 감옥에 가두라고 명령합니다. 그런 다음 예수님께서는 이 비유에 대하여 "너희가 저마다 자기 형제를 마음으로부터 용서하지 않으면, 하늘의 내 아버지께서도 너희에게 그와 같이 하실 것이다"(18,35)라고 덧붙이십니다. 형제간에 생긴 빚을 탕감해 주는 일은 선택이 아니라 의무입니다. 만일 이 의무를 지키지 않는다면 결국 자기 동료의 빚을 탕감해 주지 않은 종의 비유에서 보듯이 불행한 결말을 피할 수 없을 것입니다.

형제간의 빚을 탕감해 줄 의무를 저버리고 변명할 수 있는 사람은 아무도 없습니다. 주님께서 헤아릴 수 없는 나의 빚을 탕감해 주셨기 때문입니다.

제5장

과부와 재판관 그리고 믿음

루카 18,1-8

예루살렘에 도착하기 직전, 예수님께서는 제자들에게 낙심하지 말고 끊임없이 기도해야 한다고 다시 한번 강조하십니다(루카 18,1). 그리하여 이제 기도에 대한 새로운 가르침을 담은 또 다른 두 가지 비유가 시작됩니다. 곧 과부와 하느님을 두려워하지 않는 재판관의 비유(18,2-8)와 성전에서 기도하는 바리사이와 세리의 비유(18,9-14)입니다. 예수님께서 말씀하시는 대부분의 비유가 그러하듯이 이 비유 역시 과부, 과부의 적대자, 하느님도 믿지 않는('불의한') 재판관이라는 익명의 세 사람을 설정합니다.

언뜻 보면 이 비유는 앞서 3장에서 다루었던 한밤중에 찾아온 친구의 비유(11,5-13)의 내용을 반복하는 것처럼 보입니다. 하지만 이 비유에서 이전에는 볼 수 없었던 기도에 관한 독창적 사항들이 눈에 띕니다. 특히 이 비유가 다루는 제자들의 믿음과 청한 바가 이루어지지 않아 느낀 낙심의 문제를 고려할 때 "저희를 유혹에 빠지지 않게 하소서"(11,4)라는 주님의 기도 속 청원이 이 비유를 이해하는 데 중요한 열쇠가 될 것입니다.

✱ 힘과 나약함의 대비

과부와 믿지 않는 재판관의 비유에는 '반대의 우연' 또는 극과 극의 충돌이라는 원리가 적용될 수 있습니다. 예수님께서는 이 비유에서 과부와 재판관, 즉 고대 사회에서 어찌 보면 가장 취약한 조건과 가장 강력한 조건을 가진 사람을 나란히 제시하십니다. 예수님 시대에는 특히 남편을 잃은 여인들이 상당히 많았던 것으로 추정됩니다. 전쟁에 나가 목숨을 걸고 싸우는 일은 전적으로 남성들의 몫이었기 때문입니다. 이러한 사회 문제는 초기 그리스도교 공동체 내부에도 반영되어 있습니다. 그들은 이 문제에 적극적으로 대처하기 위하여 무엇보다도 우선 과부들을 구제하고 돌보는 일, 즉 디아코니아를 도입했습니다(사도 6,1-6). 티모테오 1서에는 실제 과부 명단이 기록되어 있을 정도로 과부들이 처한 어려움은 일상에서 흔히 볼 수 있는 사회 현상이었습니다(1티모 5,9). 불행히도 오늘날까지 인류 역사의 한 부분을 차지할 정도로 빈번하게 자행되는 여성에 대한 폭력은 그 시대에도 예외가 아니었습니다. 그중에서도 특히 과부들에 대한 학대는 매우 심각했습니다. 과부는 자신의 권리를 보장해 줄 남편이 없기 때문에 학대의 피해를 당하는 일이 잦았습니다. 이 점을 염두에 두고 다시 이 비유를 읽어 보면 우리는 어째서 이 비유가 양 극단의 두 인물을 설정하여 이야기를 전개하는지를 충분히 이해할 수 있습니다.

이 비유의 한편에는 끈질기게 재판관을 찾아가 올바른 판결을 내려 달라고 요구하는 과부가 있고, 다른 한편에는 하느님도 두려워하지 않는 재판관이 있습니다(루카 18,2). 당대 사회에서 과부와 고아가 가장 무력한 계층에 속했다면, 재판관은 권력의 정점에 있는 인물이라 할 수 있습니다. 재판관은 무소불위의 힘을 가지고 있었기에 어떤 사안이든 재판관의 처분에 의지할 수밖에 없었습니다. 이 비유에 나오는 재판관의 특징이 '믿지 않음'인 것 역시 우연이 아닙니다. 그는 '하느님도 두려워하지 않고' 사람도 대수롭지 않게 여기며 자기 마음대로 권력을 휘두르는 사람입니다. 이렇게 재판관은 부정적 인물로 그려집니다. 그러나 이런 재판관에게도 치명적 약점이 있었으니, 바로 '이 과부가 끝까지 자기에게 달라붙어 성가시게 할지도 모른다'는 두려움입니다(18,5). 법조계의 정점에 있는 권력자가 자신에게 올바른 판결을 내려 달라고 애걸하는 일개 과부에게 두려움을 느낀다니, 실로 아이러니한 장면이 아닐 수 없습니다. 과부와 재판관이라는 상반된 두 인물이 빚어내는 갈등을 통해, 이야기는 이제 성경의 가장 흥미로운 주제 중 하나인 '정의'의 문제로 확장됩니다.

　기도란 하느님의 정의, 주님의 기도에서 표현을 빌리자면 "아버지의 뜻"(마태 6,10)을 무엇보다도 잘 드러내는 자리입니다. 그렇다면 예수님에게 정의란 무엇일까요? 이 비유에 따르면, 하느님의 정의는 단순한 응보적 정의처럼 각자에게 자신의 것을 주는 것을 목적으로 하지 않습니다. 오히려 이 과부와 같이 약한 이의 권리에 대한 우선적 보장을 추구합니다. 그러므로 기도할 때에 우리는 재판관의 편이 아닌 과부의 편이 되어 주시는 하느님의 친밀함을 경험할 수 있습니다. 하느님께서는 세상이 정해 놓은 공정과 정의의 기준에 매이지 않으시고, 오히려 당신의 원의에 따라 사랑하시는 이들을 실제로 의롭게 만드심으로써 그것을 실현하십니다. 이 비유의 마지막에 예수님께서 청중들에게 되물으시는 말씀은 바로 이 점을 잘 보여 줍니다. "하느님께서 당신께 선택된 이들이 밤낮으로 부르짖는데 그들에게 올바른 판결을 내려 주지 않으신 채, 그들을 두고 미적거리시겠느냐?"(루카 18,7).

이따금 우리에게 '정의'와 '선택', 이 두 가지가 마치 양립할 수 없는 것으로 여겨질 때가 있습니다. 이는 '정의'가 모두에게 균등한 것으로 인식되는 반면, '선택'은 특정인에게만 편향되고 제한되는 것으로 여겨지기 때문입니다. 그러나 선인과 악인의 운명이 처음부터 선택되고 예정되어 있다는 식의 이중예정설과는 달리, 하느님의 선택은 어느 누구도 배제하지 않고 모든 이의 구원을 향해 열려 있습니다. 이 점을 고려할 때 과부와 재판관의 비유는 하느님의 선택이 어떻게 정의를 구현하며, 반대로 정의가 결여된 이의 선택은 실상 얼마나 제한적인지를 잘 보여 줍니다. 이 비유 속 과부는 사회적 권리의 보장에서 최하위에 속하기 때문에 하느님은 그녀를 우선적으로 선택하여 보호하십니다. 하느님의 우선적 선택은 가장 취약한 끝 자리에 있는 사람부터 시작하여 가장 첫 자리에 있는 사람에게 도달하며, 결코 그 반대의 방향을 취하지 않습니다.

그리고 하느님의 정의는 선택에 있어서 의로움과 구원을 최종 목적으로 합니다. 이 비유에서 눈여겨볼 지점이 바로 여기에 있습니다. 과부가 하느님께 '선택된 이'라고 한다면, 이 재판관은 '불의한 이'의 자리에 있습니다. 따라서 그녀에게 최종적으로 정의를 실현해 주시는 분은 재판관이 아니라 하느님이십니다. 이 점은 우리가 매일 경험하는 갈등과 대립 상황에도 적용해 볼 수 있습니다. 과부는 재판관이 하느님을 두려워하지 않는 불의한 자라 할지라도, 매일 그를 찾아가 자신에게 올바른 판결을 내려 달라고 요청하는 데에 지치지 않습니다. 그리하여 재판관은 과부의 끈기로 인해 궁지에 몰리고, 결국 그의 불의는 힘을 잃게 됩니다. 바로 이것이 하느님께서 당신의 정의를 실현하시는 방식입니다. 이와 같이 기도는 언제나 약자의 편에 서시어 모든 것을 정의로 이끄시는 하느님의 섭리와 현존을 인식하는 법을 가르쳐 줍니다.

✱ 세상 안에서의 믿음

언뜻 보면 과부와 재판관의 비유는 주님의 기도 속 청원의 내용을 전혀 반영하지 않는 것처럼 보입니다. 하지만 이 비유의 끝에서 마주하는 믿음에 관한 예수님의 마지막 질문은, 우리로 하여금 주님의 기도의 마지막 요청인 "저희를 유혹에 빠지지 않게 하소서"(11,4)를 떠올리게 합니다. 그런데 여기서 말하는 '유혹'이란 과연 무엇일까요? 그것은 어떤 도덕적인 차원의 것이라기보다는 더 근본적인 의미에서, 이를테면 더 이상 하느님을 신뢰하지 않고 기도를 포기하게 하는 유혹을 의미합니다. 하느님과 우리 사이를 갈라놓는 유혹자인 악마는 바로 이 점을 누구보다도 민감하게 포착합니다. 루카는 예수님께서 광야에서 시험을 받으신 직후 "악마는 모든 유혹을 끝내고 다음 기회(역자주: 그리스어 원문은 '카이로스*Kairos*', 즉 '적당한 때')를 노리며 그분에게서 물러갔다"(4,13)라고 전합니다. 그리고 이 '카이로스'는 예수님께서 제자들에게 유혹에 빠지지 않도록 함께 기도해 달라고 부탁하신 올리브산에서의 고뇌의 순간에 마침내 다시 등장합니다(22,39-46).

마태오가 전하는 주님의 기도의 긴 청원은 유혹에 빠지지 않게 해 달라는 요청에 이어 "저희를 악에서 구하소서"(마태 6,13)라는 구절을 덧붙입니다. 안타깝게도 오늘날 현대어로 번역된 주님의 기도는 원문이 의도한 이 마지막 요청의 의미를 제대로 표현하지 못합니다. 그리스어 원문에서는 '내버려 두다*kataleipō*'라는 동사 대신에 '끄집어내다/꺼내다*eisferō*'라는 동사를 사용하며, 추상적 개념인 '악' 대신 구체적 행위자인 "유혹자" 혹은 마귀를 지칭하는 "악한 자"로 그 대상을 표현합니다. 또한 여기에 사용된 기본 이미지에는 예수님의 설교에서 흔히 볼 수 있는 일상성이 반영되어 있습니다. 갈릴래아와 같은 바다나 호수 지역에서 물고기를 잡는 데 사용되는 통발을 상상하면 좀 더 이해하기가 쉬울 것입니다. 일단 물고기가 그물 안에 들어가면 그물의 문이 닫히고 물고기는 빠져나올 수 없습니다. 그러므로 제자는 덫과 같은 유혹의 문에 빠지지 않게 해 달라고 하늘의 아버지께 간구하고, 만에 하나 유혹에 빠질 경우에는 그 악한 자의 손아귀에서 자신을 꺼내 달라고 간청합니다. 달리 표현하자면, 스스로의 힘으로는 악한 자의 유혹에서 도저히 벗어날 수 없는 이가 그 수렁에서 빠져나올 수 있기를 청하며 하느님께 간절히 호소하는 기도입니다. 이는 구약의 전통에서 '구원자'(역자주: 고엘 *gōel*)의 역할을 반영합니다. 구원자는 가장 가까운 친척으로서 어려움에 빠진 가족 구성원이 종이 되지 않도록 그를 보호해 주는 역할을 수행합니다. 결국 주님의 기도에서 하느님께 드리는 청원은 바로 구원자의 역할입니다. 그러므로 루카 11,4과 마태 6,13에서 암시하는 유혹은 '믿음에 대한 유혹'이라고 할 수 있습니다. 이는 과부와 재판관의 비유의 끝에 덧붙은 예수님의 탄식에서도 잘 나타납니다. "사람의 아들이 올 때에 이 세상에서 믿음을 찾아볼 수 있겠느냐?"(루카 18,8).

여기서 사용된 그리스어 '믿음'(피스티스*pistis*)에 해당하는 히브리어는 에무나*emunah*입니다. 이 단어의 어원적 배경을 거슬러 올라가면 충실함, 신뢰, 믿음, 신용 등과 같이 다양한 의미망이 나타납니다. 이 점에서 믿음이란 단지 믿어야 할 '내용'으로 축소되지 않고, 다양한 층위에서 맺는 타자와의 관계를 포함한다고 할 수 있습니다. 실제로 예수님께서 당신의 재림 때까지 제자들에게 요구하시는 믿음은 바로 이러한 관계 차원에서의 믿음, 즉 주님께서 우리 편이시며 우리를 가장 가까이에서 돌보아 주는 분이시라는 것을 잊지 않는 신뢰라 하겠습니다. 우리가 유혹에서 벗어나기 위해서는 이러한 믿음이 필요합니다. 그러기에 기도는 우리에게 꾸준함을 요구할 뿐만 아니라 그 지난한 투쟁의 과정에서 종종 피곤함을 안겨 주기도 하고 때로는 좌절로 이어지기도 합니다. 이 비유는 그 투쟁

속에서도 끝까지 믿음을 지킬 수 있는지에 대한 질문으로 끝을 맺습니다.

구원 역사에서 우리는 두 가지 중요한 믿음의 패러다임을 발견합니다. 바로 아브라함의 믿음과 나자렛 예수의 믿음입니다. 아브라함은 "주님을 믿으니, 주님께서 그 믿음을 의로움으로 인정해 주셨다"(창세 15,6)는 점에서 믿음의 조상으로 일컬어집니다. 그는 바다의 모래와 하늘의 별처럼 많은 후손을 약속받았지만, 얼마 후 소중한 약속의 아들 이사악을 제물로 바치라는 하느님의 요구 앞에서 믿음을 시험받습니다(22,1-19). 그러나 그는 하느님께서 결코 약속을 어기지 않는 분임을 믿었고, 그 힘으로 자신에게 닥친 시련을 견디어 냅니다. 이 시련의 절정에서 아브라함이 이사악을 제물로 바치려는 장면은 행동하는 믿음의 중요성을 보여 줍니다. 다시 말해, 그의 행위는 시련을 실제로 겪어 보지 않고 그저 속으로만 믿는다고 여기는 믿음이 불완전함을 우리에게 가르쳐 줍니다. 그리하여 아브라함은 믿음의 조상(로마 4,1)으로서 그와 같이 시련을 끈기 있게 견디어 내는 모든 이에게 본보기가 됩니다.

한편, 히브리서는 "예수님께서는 이 세상에 계실 때, 당신을 죽음에서 구하실 수 있는 분께 큰 소리로 부르짖고 눈물을 흘리며 기도와 탄원을 올리셨고, 하느님께서는 그 경외심 때문에 들어 주셨습니다"(히브 5,7)라고 회상합니다. 여기서 예수님의 믿음 역시 처음부터 완성된 형태로 주어진 것이 아니라, 그분의 인성 안에서 여러 시험을 겪으며 마침내 결정적인 형태로 완성되었음이 드러납니다. 이는 예수님께서 십자가에 못 박히시기 전 겟세마니에서 바치신 고통스러운 기도의 순간과도 겹치는 대목입니다. 이 점에 관해서는 제1장에서 예수님의 믿음/충실함에 대해 언급하며 다뤘습니다. 분명한 것은, 예수님께서는 자신을 고난에서 건져 달라고 아버지께 간청하며 끝내 자신의 요구를 관철하지 않았다는 사실입니다. 그분은 아버지께 버림을 받았다고 느끼면서도 끝까지 그분에 대한 신뢰를 간직하고 계셨습니다. 이 점에서 마르 14,36의 "아빠! 아버지!"와 마르 15,34의 "어찌하여 저를 버리셨습니까?" 사이의 연결은 참으로 놀랍습니다. 여기서 "어찌하여(왜)?"라는 예수님의 질문은 '이유'에 관한 물음이 아닙니다. 십자가에 달리신 예수님은 아버지께 자신을 버리시는 '이유'를 묻지 않고, 오히려 그 궁극적인 '목적'을 묻습니다. "아버지, 제 영을 아버지 손에 맡깁니다"(루카 23,46)라는 예수님의 십자가상 마지막 기도는 이 심오한 신뢰 관계에 기인합니다. 이처럼 기도는 우리의 눈에 희망이 보이지 않는 상황에서도, '그럼에도 불구하고' 하느님에 대한 전적인 순명과 신뢰를 가지고 끈기 있게 이어 나가는 믿음의 투쟁입니다.

✱ 결론

히브리서에 따르면 믿음이란 우리가 "바라는 것들의 보증이며 보이지 않는 실체들의 확증"(히브 11,1)입니다. 믿음에 관한 이 놀라운 찬가는 이스라엘의 역사 속에 거쳐 간 수많은 믿음의 사람들을 언급함으로써 더욱 구체화됩니다(11,1-40). 이 믿음의 증인 목록은 아벨(11,4)에서 시작하여 "이렇게 많은 증인들"(12,1)로 끝을 맺습니다. 성경을 관통하는 구원 역사란 이처럼 약속에 충실하신 하느님과 시련 속에서도 포기하지 않고 하느님을 신뢰한 사람들 사이의 신뢰의 만남이자 하느님과 인간 사이에 오가는 '믿음'의 역사라 할 수 있습니다.

히브리서에서 언급하는 믿음의 시작점이 아브라함이 아닌 아벨이라는 점은 주목할 만합니다. 이는 믿음의 본질이 무언가를 희생하거나 빼앗는 데에 있지 않고 '제사', 즉 '속된 것'을 '거룩한 것'으로 변화하는 힘에 있음을 보여 줍니다. 히브리서가 묘사하는 믿는 이들의 기도란 어떠한 희생물을 요구하는 것이 아니라 '찬양의 제사'라는 사실은 이를 더욱 분명히 드러냅니다. 하느님은 우리에게 아들 이사악과 같이 어떤 소중한 것을 버리거나 희생하라고 요구하지 않습니다. 오히려 그분께서는 아브라함의 발자취를 따르는 이들이 바치는 믿음의 기도, 즉 한결같은 믿음으로 바치는 신뢰의 기도를 더욱 반기십니다. 성령을 통해 그리스도와 더 깊이 일치할수록 우리의 기도는 하느님을 향해 올리는 찬미의 제물로 변모합니다.

과부와 재판관의 비유로 돌아가 봅시다. 이 비유가 단순히 '인내'라는 기도의 태도만을 강조하는 것은 아닙니다. 기도의 본질적 목적인 '믿음'을 강조합니다. 이 믿음은 '하느님께서 혹시라도 나의 기도를 듣지 않으시는 것이 아닌가?' 하는 불신의 유혹에 맞서서 항구하게 키워 가야 합니다. 비유의 서두에서 분명 과부는 재판관보다 약한 존재로 그려집니다. 그녀는 자신과 적대자 사이에 올바른 판결을 받기 위해 오직 재판관의 처분을 기다리는 것 외에 별다른 도리가 없는 무력한 존재입니다. 그러나 그녀는 자신이 원하는 바를 끈질기게 청함으로써 결국에는 재판관을 굴복시켜 더욱 강한 존재로 거듭납니다. 이처럼 우리는 기도를 통해 약함이 강함으로 변화하는 은총을 체험하게 됩니다. "너는 내 은총을 넉넉히 받았다. 나의 힘은 약한 데에서 완전히 드러난다"(2코린 12,9).

제6장

바리사이와 세리 그리고 성전의 거룩함

루카 18,9-14

예수님께서는 이제 성전에 있는 바리사이와 세리에 대해 말씀하시면서 기도에 대한 비유를 이어 가십니다. 이 비유 역시 루카복음서에만 나오며, 앞서 비유를 통해 가르치신 내용을 다시 한번 확인하게 합니다. 루카 18,1-14의 두 비유는 '정의'라는 주제로 연결됩니다. 하느님도 믿지 않는 재판관에게 과부가 기대했던 정의, 즉 '올바른 판단'의 문제가 이제 바리사이와 세리의 기도에 관한 비유의 도입부에서 명시적으로 언급됩니다. 그리고 이것은 하느님 앞에서 스스로 의롭다고 자부하며 다른 사람을 멸시하는 사람의 '자기 정의'와는 극적인 대비를 이루는 '하느님의 정의'를 우리에게 환기시킵니다.

다른 비유와 마찬가지로 이 새로운 비유의 핵심에도 주님의 기도의 한 대목, "아버지의 이름을 거룩히 드러내시며"(루카 11,2)라는 청원이 반영되어 있습니다. 하느님의 거룩함에 대한 청원은 하느님께서 바리사이 대신 세리를 의롭게 하심으로써 그가 성전에서 거룩하게 되어 돌아가는 역설적인 반전과 함께 다시 한번 등장합니다(18,14).

주님의 기도에서도 언급되는 이 거룩함에 대한 청원이 바리사이와 세리의 기도에 미친 결정적인 영향을 제대로 이해하기 위해서는, 이사야 예언자가 환시 속에서 체험한 성전에서의 부르심 이야기를 살펴볼 필요가 있습니다(이사 6,1-13). 예언자는 환시 속에서 하느님의 현현을 목격하고 그분을 "거룩하시다"라고 세 번 고백합니다. 그러나 이와 동시에 예언자는 자신의 부정함을 인식하고 참회합니다. 성전에 있는 바리사이와 세리는 바로 이러한 거룩함의 속성을 반영합니다. 즉 거룩하신 하느님을 통해 이루어지는 성화와 거기에 필연적으로 뒤따르는 인간의 속죄 행위가 교차되는 가운데 드러나는 두 가지 상반된 태도가 그것입니다. 하느님께서는 세리처럼 당신의 거룩함 앞에서 겸손하게 자기 죄를 인정하는 사람은 친히 거룩하고 의롭게 만드십니다. 반면 스스로 의롭다고 여기며 하느님의 손길로 거룩해질 필요가 없다고 여기는 사람은 여전히 자기 죄에 머물러 있게 됩니다.

✸ 교만한 기도

이사야의 환시 체험과 마찬가지로 바리사이와 세리의 비유 역시 성전에서 일어나는 사건을 중심으로 전개됩니다. 예수님 당시 예루살렘 성전은 여전히 활발하게 기능하고 있었으며, 유다인들의 경건한 삶의 중심축이었습니다. 바리사이와 세리는 하느님 앞에서 정반대의 태도로 기도했으며, 그 기도를 바치는 공간이 하느님의 거룩한 집인 성전이라는 사실은 결코 우연이 아닙니다. 이 비유에서도 둘이 아닌 세 사람이 등장합니다. 바리사이, 세리 그리고 하느님입니다. 하느님은 죄인인 세리를 의롭게 하시어 주님의 기도에서 바친 청원에서처럼 당신의 이름을 '거룩하게' 하십니다.

바리사이의 기도에 대해 알아보기 전에 이들에 대한 몇 가지 오해를 풀어야 할 필요가 있습니다. 예수님 당시 유다이즘에는 다양한 분파가 존재했는데, 그 가운데서도 특히 바리사이 운동은 팔레스티나 전역에 널리 퍼져 있었습니다. 예수님도 당신을 자기 집으로 초대한 시몬(루카 7,36-50)과 같은 일부 바리사이들과 교류하셨던 것으로 보입니다. 이들 바리사이의 특징으로는 부활에 대한 믿음, 하느님의 뜻, 가정 기도의 실천 등을 들 수 있습니다. 예수님께서는 당대에 가장 중요한 신앙 운동의 주축을 이루던 바리사이파 사람들을 한데 묶어 단죄할 의도가 없으셨습니다. 오히려 그분은 열심한 이들이라면 누구나 범할 수 있는 일반적인 위험을 경고하십니다. 다시 말해 경건한 삶을 통해 하느님과 친숙해진 나머지, 자기 자신의 의로움을 내세워 그것으로 하느님을 대신하려는 교만의 유혹을 엄중하게 깨우쳐 주십니다. 자기 이익만을 위한 일회적 기도에서 지속적이고 충실한 기도로 나아가야 한다는 점은 앞서 여러 번 강조한 바 있습니다. 그러나 이와는 별개로 우리는 이 같은 열심한 노력에 스며들 수 있는 위험을 아울러 경계해야만 합니다. 지속적으로 기도를 바치면서도 오히려 마음이 교만해져 이웃을 판단하고 단죄한다면, 자기 자신의 의로움을 하느님의 자리에 놓는 것이기 때문입니다. 예수님께서는 바로 이러한 유혹에 강력하게 대응하기 위해 바리사이와 세리의 기도를 들어 제자들을 가르치십니다.

이 비유에서 예수님께서는 전형적 방식으로 바리사이를 묘사하십니다. 그는 하느님 앞에 똑바로 서서 열렬한 자기 찬양에 빠진 모습으로 그려집니다(18,11-12). 실제로 이 바리사이가 바치는 기도는 29개의 단어(역자주: 이탈리아어 성경의 경우)를 쉴 새 없이 쏟아 내는 그야말로 장황한 연설입니다. 그의 기도는 언뜻 하느님께 찬미와 감사를 드리며 시작하는 듯하지만, 실상은 다른 이와 자신을 비교하는 것 외에는 아무런 내용도 없는 그저 자화자찬에 불과합니다. 그는 자신이 도둑, 불의한 자, 간음하는 자로 낙인찍힌 여느 사람들과는 다르다는 점을 자랑스럽게 드러내는 데에 집중합니다. 그리고 그가 이렇게 무자비하게 판단하는 사람들의 부류에는 지금 멀찌감치 떨어져 기도하고 있는 세리까지 포함됩니다. 이 바리사이는 자신이 율법을 철저히 지키는 사람으로서 일주일에 두 번 단식하고, 모든 소득에 대해 십일조를 낸다고 말합니다. 외적 실천만을 본다면 그는 분명 하느님과 이웃과의 관계에서 가히 칭찬받아 마땅한 사람입니다. 그러나 그가 자기 곁의 세리를 비롯한 여러 다른 이에 대하여 쉴 새 없이 쏟아 내는 부정적인 비교는 그를 이웃과 하느님과의 관계에서 고립시킵니다. 한마디로 그의 기도는 겉은 흠잡을 데 없어 보이지만, 그 내면은 교만으로 가득 차 있습니다. 그리하여 결국 이 바리사이는 의로움을 얻지 못하고 집으로 돌아갑니다(18,14). 그런데 여기서 예수님께서 보여 주시는 반전은 실로 놀랍습니다. 이 비유의 서두에서 바리사이는 스스로 의롭다고 자신하면서 다른 사람을 멸시하는 대표적 인물로 묘사되었습니다. 그러나 비유의 끝에서 그는 결국 하느님에게 의롭다는 판단을 얻지 못한 채 집으로 돌아갑니다.

이 바리사이의 경우에서 분명히 알 수 있듯, 자기를 과시하는 사람이 바치는 오만한 기도는 하느님을 경배하지 않고 자신을 우상화하기 때문에 더욱 위험합니다. 일상의 삶뿐만 아니라 기도의 자리에도 항상 우상숭배의 위험이 숨어 있습니다. 그 가운데서도 가장 교활한 형태는 하느님이나 이웃을 위한 공간이 없이, 마음이 자아를 위한 기도로만 가득할 때 발생합니다. 자아라는 우상을 숭배하는 이들은 이웃을 경멸하고 단죄하는 모습으로 자주 드러납니다. 여기서 한 가지 더 언급하자면, 세리가 바리사이의 격앙된 비난 앞에서 아무런 변명도 하지 못한 까닭은 그가 로마 제국을 대신하여 유다인들에게 세금을 징수하는 역할을 담당하였기 때문입니다. 그런 점에서 볼 때, 세리를 향한 바리사이의 민족주의적 적대감은 "저희에게 잘못한 이를 저희가 용서하오니"라는 주님의 기도의 한 구절과 정면충돌합니다. 결국 이 바리사이는 세리를 단죄함으로써 자신을 단죄하고 있으며, 더 나아가 하느님이 아닌 자기 자신을 숭배함으로써 하느님의 집인 성전을 모독합니다. 그래서 하느님으로부터 의롭다고 여겨지지도, 그분으로부터 오는 거룩함을 얻지도 못합니다.

✱ 진실한 기도

"그러나 세리는 멀찍이 서서 하늘을 향하여 눈을 들 엄두도 내지 못하고 가슴을 치며 말하였다. '오, 하느님! 이 죄인을 불쌍히 여겨 주십시오'"(18,13). 바리사이가 바친 장황한 기도와는 대조적으로, 예수님께서는 이 세리의 입술에 단 6개의 단어를 넣어 주십니다. 내용뿐만 아니라 태도에 있어서도 그는 앞서 살펴본 바리사이와는 사뭇 다릅니다. 하느님 앞에 "꼿꼿이 서서" 기도하던 바리사이와 달리, 세리는 감히 하늘을 쳐다볼 용기가 없어 가슴을 치며 자신의 죄를 고백합니다.

어쩌면 세리도 자신을 정당화할 여러 사정을 들어 스스로를 변호할 수 있었을 것입니다. 가령 그는 자신과 부양할 가족을 위해 당시 가장 부정한 직업 중 하나였던 세금 징수 일을 했을 수도 있습니다. 그럼에도 불구하고 이 세리는 어떠한 변명이나 권리도 주장하지 않습니다. 다만 그는 주님 앞에서 자신의 죄를 통회할 따름입니다. 하느님 앞에서는 그 무엇도 숨길 수 없음을 깨달은 그는, 벌거벗은 모습으로 자신을 있는 그대로 드러냅니다. 이러한 세리의 기도는 이사야 예언자가 환시 속에 들은 "너의 죄는 없어지고 너의 죄악은 사라졌다"(이사 6,7)라는 말과 공명합니다. 겉모습만으로 판단하지 않으시는 하느님께서는 회개하는 그의 마음을 아십니다. 기도는 말로만 이루어지지 않으며, 무엇보다도 주님 앞에 선 그 존재의 태도에서 드러납니다. 멀찍이 서서 감히 하늘을 우러러볼 수도 없어 그저 머리를 조아리고 가슴을 치며 하느님의 자비를 청하는 세리의 몸짓은 이미 그 자체로 하느님께 바치는 진심 어린 기도입니다. 그렇습니다. 때때로 우리의 기도는 많은 말이 필요하지 않습니다.

세리는 이제 신약성경에 담긴 가장 짧고 간절한 기도 가운데 하나를 하느님께 바칩니다. 본문의 그리스어를 직역하면 그는 "오, 하느님! 이 죄인을 불쌍히 여겨 주십시오"(루카 18,13)라고 말할 뿐입니다. 그는 하느님께 자비를 베풀어 달라고 간구할 뿐만 아니라 스스로 속죄할 수 없는 빚인 자신의 죄를 고백하며 이를 용서해 주시기를 간청합니다. 당시의 유다인들은 모든 죄를 속량해야 할 '빚'으로 여겼습니다. 마태오 복음사가는 이를 설명하기 위해 만 탈렌트를 빚진 종과 자비로운 주인의 비유를 들려줍니다(마태 18,24). 이 빚은 평생을 갚아도 모자랄 정도로 엄청난 금액입니다. 하느님 앞에서 우리는 모두 그러한 채무자입니다. 우리 중에 그 빚을 스스로 갚을 수 있는 사람은 아무도 없을 것입니다. 하느님의 자비로운 용서만이 우리를 의롭게 할 수 있습니다. 그러기에 이 용서와 의로움은 결코 바리사이처럼 그분 앞에 꼿꼿이 선 채로 당당히 요구할 수 있는 권리가 아닙니다. 세리의 기도는 지극히 단순한 몸짓과 말로써 이 놀라운 진리를 우리에게 알려 줍니다.

✱ 결론

성전에서 기도를 바치는 바리사이와 세리의 비유는 청중

들의 예상을 빗나가는 방식으로 끝을 맺습니다. 예수님께서는 의롭게 되어 집으로 돌아간 사람은 세리이지 바리사이가 아니라고 말씀하시면서 도입부에서 언급된 상황을 뒤집는 극적인 반전을 보여 주십니다. 하느님께서는 인간의 마음속을 샅샅이 알고 헤아리시기에 당신 앞에 서 있는 이의 진실함과 뉘우침의 여부에 따라 심판하십니다. 하지만 이러한 반전은 당시의 통념으로는 쉽게 상상할 수 없는 일이었습니다. 특히 하느님께서 당신의 백성에게 내리신 율법과 계명의 신성함을 생각할 때 더욱 그러했습니다. 예컨대 율법에 따르면 무엇을 사든 세금과 십일조를 내야 한다고 나와 있지 않습니까? 또한 단식은 유다인들 사이에서 가장 널리 퍼진 경건함의 실천 중 하나가 아닙니까? 그렇다면 당연히 이러한 것들을 철저히 지키는 바리사이가 하느님으로부터 의롭다고 여겨져야 하는 것이 아닐까요? 만일 바리사이와 세리의 입장이 이런 식으로 뒤바뀐다면, 혹자는 '어차피 하느님에 의해 의롭게 되고 거룩해지기 때문에 율법 따위는 지키지 않아도 된다'

고 여길 위험이 있다고 말합니다. 하지만 이러한 문제 제기는 비유가 의도한 핵심을 완전히 빗나가는 것입니다. 여기서의 초점은 율법 실천의 유효성에 관한 논의가 아니기 때문입니다.

바리사이와 세리의 비유는 교만하고 거만한 이가 아닌 겸손하고 회개하는 이들을 찾아오시는 하느님의 무한한 자비를 우리에게 열어 보입니다. 기도하는 사람이 되어 갈수록 우리는 더욱 겸손해집니다. 그리고 이 점은 인간의 통념을 뛰어넘는 하느님의 놀라운 구원을 감지한 마리아의 기도 '마니피캇'에서도 잘 나타납니다. "마음속 생각이 교만한 자들을 흩으시고, 비천한 이들을 들어 높이셨습니다"(루카 1,51.52).

제7장

무화과나무의 비유와 하느님 나라의 도래

루카 21,29-36

'깨어 있음'은 예수님께서 제자들에게 가르치신 기도의 핵심 요소 중 하나입니다. 무화과나무의 비유는 바로 이 점을 잘 보여 줍니다. 이는 예수님께서 기도에 관해 가르치며 드신 마지막 비유로서, 당신의 제자들에게 "늘 깨어 기도하여라"(루카 21,36) 하신 권면으로 끝맺습니다. 무화과나무 비유는 예수님께서 말씀하신 비유 중에서 가장 짧은 편에 속하는데(21,29-31), 이제 막 싹을 틔우려는 무화과나무에 대해 단 세 구절만이 언급될 뿐입니다. 예수님께서는 이 비유를 통해 싹이 트기 시작한 무화과나무를 보며 여름이 다가왔음을 실감하듯, 하느님 나라가 가까이 왔음을 알려 주십니다. 그렇습니다. 이 비유는 하느님 나라의 도래에 초점이 있습니다. 그렇다면 하느님 나라를 어떻게 인식할 수 있을까요? 하느님 나라가 가까이 왔음을 알리는 징표는 무엇일까요? 또한 우리는 어떻게 깨어 기도함으로써 이성이 잠드는 것을 막을 수 있을까요?

여름철 싹을 틔울 준비가 된 무화과나무와 다가오는 '하느님 나라' 혹은 '하늘 나라' 사이의 관계는 "아버지의 나라가 오게 하소서"(11,2)라는 주님의 기도의 두 번째 요청을 떠오르게 합니다. 한편에서는 제자가 주님께 그 나라가 가까이 오게 해 달라고 간구하고, 다른 한편에서는 예수님께서 당신의 제자에게 그 나라가 이제 가까이 왔으니 시대의 징표를 알아차리는 법을 배우라고 요청하십니다.

✱ 시대의 징표

예수님께서는 갈릴래아에서 가르치신 몇 년간 하느님 나라가 다가오고 있음을 무엇보다도 먼저 선포하셨습니다. 하느님 나라를 선포하기 위해 파견된 예수님(4,43)께서는 제자들을 선택하시어 비유를 통해 그들을 가르치시고, 수많은 병자를 고쳐 주심으로써 하느님 나라를 그들 안에 현존하게 하셨습니다. 하느님 나라는 마치 겨자씨(13,19)나 반죽을 발효시키는 누룩(13,21)과 같이 우리 눈에는 보이지 않습니다. 그러기에 우리 안에서 실제로 활동하는 하느님 나라를 인식하기 위해서는 무엇보다도 눈에 보이는 것 너머를 바라볼 필요가 있습니다.

제자 공동체 또는 교회는 예수님께서 당신의 말씀과 행동으로 선포하신 하느님 나라의 가장 눈에 띄는 표징입니다. 좀 더 정확히 표현하면, 하느님 나라는 예수님을 따르는 이들의 몸인 교회의 친교를 통해 이 세상에 드러납니다. 그렇다고 하느님 나라를 교회 자체와 동일시하는 것은 그리 바람직하지 않습니다. 그런 섣부른 환상에 빠지기에는 제자들의 실패가 너무나 많기 때문입니다. 그럼에도 불구하고 교회를 구성하는 제자들은 분명 그들의 친교와 선교 활동을 통해 하느님 나라를 세상에 드러내 보여 줍니다. 하느님 나라와 지상의 교회 사이에는 이처럼 '긴장'과 '식별'이라는 두 요소가 공존하고 있습니다. 예수님의 복음 선포와 함께 다가온 하느님 나라는 이제 교회의 몸인 제자들 사이에서 지속적으로 자신을 드러내며, 우리로 하여금 주 예수 그리스도와의 최종적 만남이 이루어질 그 결정적 때를 기다리도록 재촉합니다. 예수님께서는 당신의 제자들이 기도하며 이 카이로스를, 곧 하느님 나라의 결정적 도래를 기다리도록 가르치시기 위해 이 무화과나무의 비유를 말씀하십니다.

포도나무와 포도밭, 올리브나무와 기름, 이 비유에 사용된 각각의 소재를 떠올려 봅시다. 성경에 등장하는 일련의 상징들은 아무 뜻 없이 선택된 것이 아닙니다. 포도나무는 심는 순간부터 수확 때까지 지속적인 관리가 필요하기에 전통적으로 선택받은 백성을 상징해 왔습니다. 올리브나무 역시 마찬가지입니다. 올리브나무에서 생산한 기름은 매우 값비쌀 뿐만 아니라, 하느님께 바치는 예배에 사용되었기 때문에 예로부터 매우 귀하게 여겨졌습니다. 바로 이 점에서 올리브나무 역시 선택받은 백성인 이스라엘의 지위를 상징하는 식물로 자주 언급되었습니다. 무화과나무는 또 어떠한가요? 열매를 맺는 무화과나무는 하느님과 인간의 관계를 상징하며, 아울러 그 나무가 꽃망울을 터뜨리기 시작하면 봄에서 여름으로 넘어가는 계절의 변화를 알 수 있기에 그것은 시대의 징표를 상징하기도 했습니다. 나타나엘이 무화과나무 아래 머문 행위(요한 1,47-48) 역시 하느님 나라의 도래라는 메시아 시대의 징표에 대한 기다림을 의미합니다.

피조물은 자신의 풍요로움과 아름다움으로 자신을 만드신 창조주를 드러냅니다. 그런데 창조주를 드러내는 올바른 방식을 깨닫고 이에 응답할 책임은 우리에게 달려 있습니다. 인간이 다른 피조물과 맺는 관계에 따라 인간의 활동은 세상 안에서 선으로 열매 맺을 수도, 악으로 기울어질 수도 있습니다. 피조물과 인간 사이의 이 같은 상호 관계에 대해 바오로 사도는 다음과 같이 말합니다 "피조물이 허무의 지배 아래 든 것은 자의가 아니라 그렇게 하신 분의 뜻이었습니다. 그러나 그것은 희망을 간직하고 있습니다. 피조물도 멸망의 종살이에서 해방되어, 하느님의 자녀들이 누리는 영광의 자유를 얻을 것입니다"(로마 8,20-21). 피조물과 인간, 그리고 신자들은 이른바 '시대의 징표'로 표현되는 공통의 현실을 공유합니다. 제2차 바티칸 공의회의 〈사목 헌장〉은 교회와 시대의 징표 사이의 참여적 관계에 주목하면서 다음과 같이 밝힙니다. "모든 시대에 걸쳐 교회는 시대의 징표를 탐구하고 이를 복음의 빛으로 해석하여야 할 의무를 지니고 있다. 그렇게 함으로써 각 세대에 알맞은 방법으로 교회는 현세와 내세의 삶의 의미 그리고 그 상호 관계에 대한 인간의 끝없는 물음에 대답해 줄 수 있을 것이다"(《사목 헌장》 4항).

✱ 깨어 있는 기도

예수님께서는 계절이 바뀌는 시기에 접어든 무화과나무의 비유를 통해 제자들에게 항상 기도하며 깨어 있을 것을 권면하십니다(루카 21,36). 예루살렘으로 가는 여정을 시작할 때 제자들이 예수님께 기도하는 법을 가르쳐 달라고 청한 것은 그분이 자주 밤을 지새우며 깨어 기도하셨기 때문입니다. 예수님께서 열두 제자를 선택하기에 앞서 밤새워 기도하시는 것도 결코 우연이 아닙니다(6,12-16). 또한 겟세마니에서의 고뇌로 점철된 예수님의 지상

사명의 종결부 역시 기도 속에서 펼쳐집니다(22,39-46). 끔찍한 수난의 날에도 우리는 예수님께서 올리브산과 예루살렘 성전 사이를 오가며 기도하시는 모습을 볼 수 있습니다(21,37). 예수님께서는 낮에는 성전에 머물며 사람들과 대화하셨지만, 밤이면 올리브산에 오르셔서 아버지와의 관계를 더욱더 굳건히 하심으로써 온갖 어려움을 이겨 내셨습니다.

그러나 제자들은 어떻습니까? 그들은 예수님께서 그 어느 때보다도 깊은 고뇌 속에서 기도하시는 모습을 함께 지켜볼 힘도 용기도 없었기에 잠에 빠져 듭니다. 예수님께서는 이런 그들에게 유혹에 빠지지 않도록 깨어 있으라고 거듭 당부하십니다(22,40.46). 시련을 앞둔 제자들은 다른 어느 때보다 아버지께 유혹에 빠지지 않게 해 달라고 간구해야 합니다. 깨어 기도하지 않으면 믿음을 뒤흔드는 유혹에서 빠져나갈 길이 없기 때문입니다. 잠든 이성과 깨어 있는 기도 사이에서 제자는 어느 한쪽을 선택해야만 합니다. 잠을 선택하면 슬픔에 압도당하거나 용기를 잃어버려 결국에는 예수님이 가신 수난의 길을 따르지 못합니다. 반대로 깨어 있는 기도를 선택한다면, 그는 피조물과 자신이 살고 있는 세계 안에서 시대의 징표를 올바로 인식하고 대응할 수 있는 위치에 서게 됩니다.

　이렇듯 '잠에 취함'과 '깨어 있음' 사이에서 제자는 예수님께서 가르쳐 주신 기도의 마지막 단계를 통과하는 법을 배우게 됩니다. 깨어 있는 기도는 희망의 얼굴을 드러내기 때문에 우리에게 반드시 필요합니다. 그렇습니다. 실제로 우리가 깨어 있을 수 있음은 거기에 희망이 있기 때문입니다. 어떠한 기대나 희망이 없다면 우리는 밤을 지새며 깨어 있어야 하는 이유조차 이해할 수 없을 것입니다. 여기서 말하는 '희망'의 참된 의미를 잘못 이해할 수 있기에 약간의 설명을 덧붙이겠습니다. 성경은 유다 민족과 그리스도교 공동체 모두에 희망의 기준을 제공합니다. 그리고 아브라함을 믿음의 조상이자 희망의 모범으로 제시합니다. 그런데 성경이 제시하는 희망은 서구 문화가 추구해 온 희망과는 근본적으로 다릅니다. 서구의 희망을 대표하는 판도라의 상자 신화와 성경의 어느 한 페이지만 비교해 보더라도 그 차이를 확연하게 느낄 수 있습니다. 그리스 신화에 따르면 판도라가 세상의 모든 악을 쏟아부었을 때 오직 희망만이 상자의 바닥에 남았다고 합니다. 어딘가에 희망이 남아 있으리라 기대하고 살아가지만, 그것을 확인하기 위해 상자를 여는 순간 다시 치명적인 절망으로 변하게 된다는 점에서, 신화가 말하는 희망은 결국 헛된 환상에 불과합니다. 사무엘 베케트는 희곡 〈고도를 기다리며〉에서, 좀처럼 오지 않는 작디작은 신을 기다리는 두 거지를 통해 서구 사회가 지닌 이 위태로운 희망을 누구보다도 잘 표현했습니다.

하지만 성경이 선포하는 희망은 이와는 다릅니다. 그것은 인간의 욕망이 만들어 낸 환상이 아닌 '구원'이라는 결정적 사건에 근거한 희망입니다. 이집트 탈출 사건이 유다인들이 지닌 희망의 패러다임이라면, 그리스도교가 지닌 희망의 궁극적 근거는 바로 부활하신 주님이십니다. 희망이 없는 사람들과 믿는 사람들을 구분 짓는 특징은 믿음과 사랑에 뿌리를 둔 희망입니다. 그 희망은 지상의 삶 너머에 존재하는 영원한 것에 대한 확신을 내포합니다. 초기 그리스도교의 대표적인 신앙 고백은 '마라나타'('주님이 오셨다' 혹은 '주여 오소서')입니다. 이는 말씀이 사람이 되신 주님의 영광과 다시 오심을 신자들이 생이 다하는 날까지 묵상한다는 의미입니다.

깨어 있는 기도는 믿는 이들이 썩어 없어질 것이 아니라 영원히 남는 것을 선택할 수 있게 합니다. 깨어 있는 기도는 지상 현실이 지닌 가치를 결코 떨어뜨리지 않으면서도, 재림하실 주님을 맞이하기 위해 그 너머로 한 걸음 더 멀리 나아갈 준비가 되어 있음을 보여 줍니다. 그런 점에서 이 무화과나무에 관한 짧은 비유는 제자들로 하여금 그들이 살아가는 시대와 세상의 표징을 인식하되, 그 너머를 바라보는 희망의 자세를 지니도록 이끌어 줍니다.

✳ 결론

루카복음서에 나오는 예수님의 마지막 비유는 깨어 있는 기도에 관한 것으로 기도의 가장 성숙한 단계를 보여 줍니다. 바로 아버지께 "아버지의 나라가 오시기를", 즉 그분의 현존을 온 창조 세계와 그 시대의 모든 인류에게 알려 주시기를 청하는 것입니다. 믿음에 따라오는 갖가지 시련에 맞서 끝까지 깨어 있을 것인지, 아니면 잠에 취할 것인지를 선택하는 일은 온전히 제자의 몫입니다. 예수님께서는 당신이 당하실 고난의 시간을 "아빠, 아버지"(마르 14,36)를 부르며 기도 속에 맞으셨습니다.

제자가 깨어 있는 기도 안에서 성숙해질수록, 그는 자신을 둘러싼 자연 세계와 인간 모두에게 어떤 새로운 계절이 다가옴을 민감하게 알아차립니다. 우리 시대의 교회에서 예언의 카리스마가 갈수록 드물어진다는 점은 참으로 안타까운 일입니다. 아마도 여기에는 여러 현실적 요인이 맞물려 있겠지만, 성령의 움직임이 드물어져서는 아닙니다. 오히려 예수님의 제자인 우리의 깨어 있는 기도가 부족하기 때문입니다. 예수님의 이 짧은 비유는 희망을 바라보며 끝을 맺습니다. 예수 그리스도의 죽음과 부활 사건에 뿌리를 둔 우리의 희망은, 허황되거나 그 끝에 좌절감만을 안겨 주는 희망과는 다릅니다.

그리스도인의 희망은 단순히 수많은 덕 중의 하나가 아닙니다. 우리가 믿는 분, 그리스도 자신이 바로 우리에게 다가올 "영광의 희망이십니다"(콜로 1,27).

맺음말

예수님께서는 기도를 함으로써 기도를 가르치셨습니다! 이것이 기도에 관한 그분 가르침의 핵심입니다. 이 점에서 주님의 기도는 모든 제자를 위한 기도의 선언문이라 할 수 있습니다. 주님의 기도와 기도에 관한 몇 가지 비유의 결합은, 예수님의 다른 가르침들과 구별되는 독창적인 요소입니다. 한편으로 주님의 기도가 기도에 대한 비유를 이해하는 실마리를 제공한다면, 다른 한편으로 일부 비유는 주님의 기도를 보다 구체적으로 설명하는 역할을 합니다. 앞서 살펴본 기도에 관한 비유들을 정리해 볼 때, 예수님께서 가르치신 기도는 대략 다음과 같이 총 다섯 단계로 설명할 수 있습니다.

1. 한밤중에 찾아온 친구의 비유는 긴급한 순간이나 필요

한 때에만 드리는 기도에서 성령의 이끄심에 따른 항구한 기도로 나아가는 방법을 가르칩니다. 기도는 아버지께서 자녀에게 주시는 일용할 양식과 같습니다. 그리고 아버지께서는 성령을 통해 제자에게 필요한 것을 넉넉히 베풀어 주십니다.

2. 예수님께서 가르치신 기도의 두 번째 단계에서 보이는 자비로운 아버지와 두 아들의 모습은 우리에게 강렬한 인상을 남깁니다. 우리는 자신에게 빚진 사람을 용서하지 않고는 하느님께 감히 빚을 탕감해 달라고 청할 수 없음을 깨닫게 됩니다. 하느님께서는 언제나 자녀를 먼저 찾아 나서는 아버지이십니다. 그분은 절박한 상태에 내몰린 작은아들의 청을 물리치지 않으시고, 오히려 한 걸음 더 나아가 그를 거룩하게 변화시키십니다. 큰아들의 청원 역시 그에게 부족한 형제애를 회복하게 하심으로써 바로잡아 주십니다. 우리가 서로를 형제로 인정하지 않고는 하느님을 온전히 아버지라고 부를 수 없기 때문입니다.

3. 예수님께서 가르치시는 기도의 학교에서 체험하게 되는 중대한 전환점은 과부와 믿지 않는 재판관의 비유에서 일어납니다. 주님의 기도에서 우리를 유혹에 빠지지 않게 해 달라는 요청은, 이 비유에 등장한 과부의 끈기와 변함없는 믿음으로 설명할 수 있습니다. 여기서는 도덕적 차원의 유혹이 아니라 시련을 겪는 과정에서 빠지기 쉬운 '믿음'의 유혹에 주목합니다.

4. 성전에서 기도하는 바리사이와 세리의 비유는 하느님의 이름을 모독하는 것과 하느님의 이름을 거룩하게 하는 것이라는 문제를 중심으로 각각을 대표하는 기도를 대조적으로 제시합니다. 이 비유의 한편에는 스스로 의롭다고 여기는 바리사이의 오만하고 자기애적인 기도가 있고, 다른 한편에는 스스로 죄인이라 칭하는 세리의 겸손한 기도가 있습니다. 하느님께서 바리사이가 아닌 세리를 의롭게 하셨다는 사실은 이 비유의 첫 장면을 극적으로 반전시킵니다.

5. 잎이 돋는 무화과나무에 관한 간결하고 명료한 비유가 지금껏 이어 온 기도에 관한 일련의 비유들을 마무리합니다. 제자의 기도는 시대의 징표와 다가오는 하느님 나라를 인식할 수 있을 때, 곧 깨어 있을 때에 온전한 성숙에 이르게 됩니다. 믿는 이들을 한결같이 이끄시는 성령의 활동을 알아차리고, 지상에서 경험하는 세상의 변화 속에서 하느님 나라의 도래를 인식하는 데에, 기도보다 중요한 것은 없습니다. 기도가 없으면 우리는 개인과 공동체 생활 안에서 우리가 지금 어떠한 상황에 있는지를 제대로 인식할 수 없고, 그 최종 완성을 위한 변화의 여정에 올바로 응답해 나갈 수 없습니다. 바로 이런 이유에서 예수님을 따르는 '기도의 학교'가 주님과의 만남이라는 희망을 향해 열린, 깨어 있음으로 끝나는 것입니다.

"희망의 순례자들"은 교회가 2025년 희년을 위해 정한 표어입니다. 기도가 이 시대의 징표를 인식하도록 도움을 주는 만큼, 믿는 이들의 희망은 다가올 그리스도와의 만남을 향해 더욱 확고히 정향됩니다. 그리스도인의 삶은 스승께서 당신을 따르도록 제자에게 손을 내미시는 데서 시작됩니다. 그리고 그 여정의 종착지에서 우리는 마침내 그분과 영원히 함께하리라는 생생한 희망으로 그분을 만나게 될 것입니다.

옮긴이의 말

"주님, 저희에게도 기도하는 것을 가르쳐 주십시오"(루카 11,1). 예수님께서는 자주 제자들에게 비유로 말씀하셨습니다. 비유는 예수님을 동시대의 다른 스승들과 차별화하는 매우 독특한 요소로, 소재의 익숙함에서 오는 생생한 이미지와 단순한 스토리텔링으로 누구에게나 쉽게 전달되고 깊은 공감을 불러일으킵니다. 이 책에 소개된 기도에 관한 예수님의 비유들은 기도 방법에 대한 실질적 지침을 제공할 뿐만 아니라, 하느님과 인간의 관계를 보다 깊은 차원에서 이해하도록 이끌어 줍니다. 그리스도인의 기도는 말을 되풀이하거나, 개인적 청원을 아뢰는 행위로 축소될 수 없습니다. 저자가 강조하듯, 기도는 하느님과 친밀하고 인격적이며 지속적인 관계를 형성한다는 점에서 매일의 양식이자 "호흡과도 같은 것"이기 때문입니다.

매일의 삶에서 마주하는 크고 작은 어려움 앞에 우리는 고통의 목적이나 의미에 대한 실존적 질문을 던지곤 합니다. 하지만 그 질문의 답은 자신에게서 찾을 수 없습니다. 기도 안에서 그분의 시선으로 바라볼 때, 비로소 찾을 수 있습니다. 니사의 성 그레고리우스는 기도를 "영혼과 하느님의 친밀한 대화"라고 말합니다. 기도를 통해 인간은 성숙하고 변화되어 거룩하신 하느님을 닮아갈 수 있습니다. 이 책에 수록된 예수님의 비유를 통해 우리는 하느님과의 사랑 넘치는 대화로 초대받습니다.

기도는 결코 관념의 진공 속에서 끄집어내는 '멋진 생각'이 아닙니다. 하느님의 구원을 필요로 하는 인간 존재가 자신의 가난한 현실을 하느님께 들어올리는 제사이며 '있는 그대로의 자신'으로, '있는 나'이신 하느님을 마주하는 인격적 만남의 순간입니다. 이렇게 하느님과 친밀한 관계를 맺을 때 우리는 '복음 선전가'가 아닌 '복음 선포자'로서, 자신의 삶뿐만 아니라 자신과 연결된 온 세상을 향한 창조주 하느님의 선하신 계획을 발견하고 기쁨과 희망을 이야기할 수 있습니다. 교회는 거창한 말이나 이데올로기가 아닌, 진실한 회개와 '그리스도를 따름Sequela Christi'을 통하여 "우리 주 그리스도 예수님에게서 드러난 하느님의 사랑"(로마 8,39)을 증거하도록 부름받았습니다.

"나는 사랑받습니다. 그러므로 나는 존재합니다. 그리고 나는 실망시키지 않는 사랑 안에서 영원히 살 것입니다. 그 무엇도 그 사랑에서 나를 떼어 놓을 수 없습니다"(2025년 정기 희년 선포 칙서 〈희망은 우리를 부끄럽게 하지 않습니다Spes Non Confundit〉 21항).

우리가 기도하며 하느님의 마음에 친밀하게 닿지 않는다면, 이 사랑의 선포는 불가능합니다. 저자가 이 책의 마지막 장에서 다루는 무화과나무의 교훈과 깨어 있음(21,29-36)에 대한 가르침은 우리의 기도가 세상의 구원에 어떻게 이바지할 수 있는지를 잘 보여 줍니다. 예수님께서는 잎이 돋은 나무를 보고 계절의 변화를 알아차리듯, 변화하는 시대의 징표 안에서 "근심으로 너희 마음이

물러지는 일이 없게"(21,34) 하느님의 자비와 정의를 믿으며 깨어 기도할 것을 촉구하십니다. 이렇게 희망 안에서 깨어 기도할 때, 우리는 절망과 냉소주의가 팽배한 시대를 살아가는 모든 이, 특히 인간의 이기심으로 고통받고 신음하는 모든 피조물에게 참된 희망의 징표이자 "영혼의 닻"(히브 6,19)이신 예수님을 드러내 보일 수 있습니다.

'희망의 순례자들'인 교회는 다가올 희년을 준비하며 한마음으로 기도의 해를 지내고 있습니다. 이 은총의 때에 몸소 기도하심으로, 또한 다양한 비유의 말씀으로 우리에게 기도를 가르쳐 주신 예수님의 모범을 따라 우리도 매 순간 '기도의 사람'으로 변모해 갈 수 있기를, 그리하여 우리의 기도를 통해 모든 피조물의 '아빠, 아버지'이신 하느님의 뜻이 하늘에서와 같이 땅에서도 이루어지기를 마음 모아 기도합니다.

최지영 프란치스카